# LES LOYERS

DES

# GENS DE MER

PAR

## Maxime DOUILLARD

DOCTEUR EN DROIT

AVOCAT AU BARREAU DE NANTES

PARIS

LIBRAIRIE NOUVELLE DE DROIT ET DE JURISPRUDENCE

ARTHUR ROUSSEAU, ÉDITEUR

14, RUE SOUFFLOT, ET RUE TOULLIER, 13

—

1897

LES

# LOYE S DES GENS DE MER

# LES LOYERS

DES

# GENS DE MER

PAR

MAXIME DOUILLARD

DOCTEUR EN DROIT

AVOCAT AU BARREAU DE NANTES

PARIS

LIBRAIRIE NOUVELLE DE DROIT ET DE JURISPRUDENCE

ARTHUR ROUSSEAU, ÉDITEUR

14, RUE SOUFFLOT, ET RUE TOULLIER, 13

—

1897

# ERRATA

---

Page 34, note 2, *au lieu de :* art. 1131, *lisez :* art. 1132.
Page 189, ligne 5e, *au lieu de :* 1880, *lisez :* 1889.

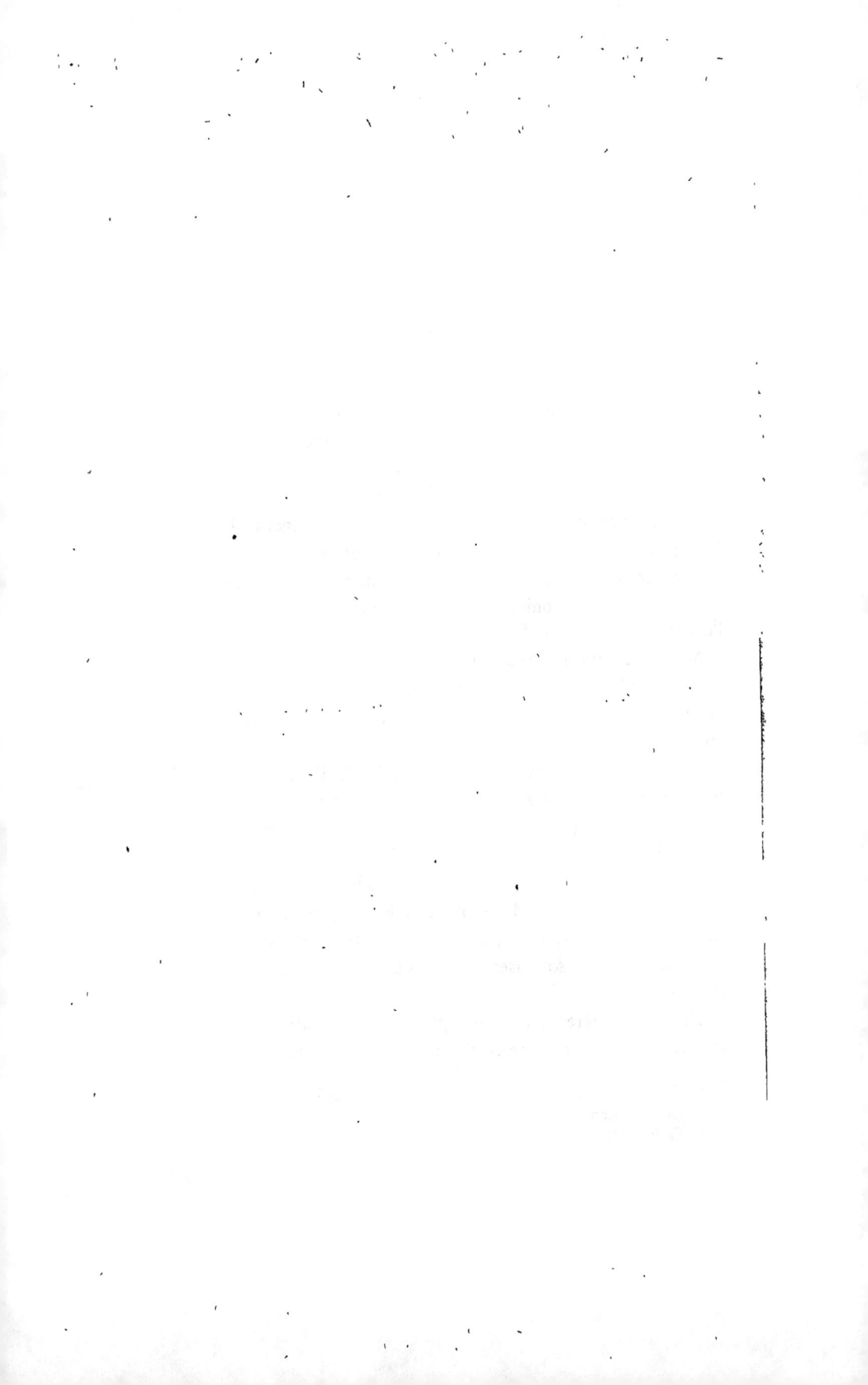

# INTRODUCTION

La loi désigne sous le nom de *loyers* les salaires des gens de mer (1). Ce terme consacré par une longue tradition est fort bien choisi. Et si l'on peut reprocher au législateur de s'en être servi pour désigner le fret (2) alors que le contrat d'affrétement n'est presque jamais un louage, mais bien plutôt un contrat de transport, il faut, au contraire, reconnaître que les salaires des gens de mer méritent bien le nom de loyers, puisque la créance des marins naît à l'occasion d'un louage de services.

Mais ce contrat n'est pas uniquement soumis aux dispositions du Code Civil relatives au « louage des domestiques et ouvriers (3) » et ces dispositions ne lui sont pas toutes applicables.

Dans le but de sauvegarder les intérêts de l'Etat et de protéger ceux des marins, le législateur a restreint, pour l'engagement des gens de mer, le principe de la liberté des conventions.

D'ailleurs, les exigences de la discipline, la nature même des services qu'on attend des marins, les risques spéciaux auxquels ils sont exposés, justifient les règles particulières auxquelles ont été soumises les clauses et conditions de ce contrat.

L'Etat est intéressé à la prospérité de la marine marchande, car « le commerce de mer est un des plus puis-

(1) Code de Comm., art. 191, 192, 252, 254, 255, 258, 260, etc.
(2) Code de Comm., art. 286.
(3) Code Civil, art. 1780 et s.

sants moyens pour apporter l'abondance pendant la paix (1). »

Cette vérité n'a pas besoin de démonstration. Nous ne nous étonnerons donc pas de voir l'Etat sans cesse préoccupé des mesures les plus propres à favoriser le développement du commerce maritime. Il est dans son rôle quand il crée, entretient et améliore les ports, ou qu'il accorde des subventions aux chambres de commerce pour l'accomplissement de ces grands travaux. Qu'il passe avec l'étranger des traités destinés à multiplier les échanges et à faciliter les transactions commerciales, ou qu'il cherche, dans l'établissement de tarifs de douane, une protection contre les inconvénients de la libre concurrence, ses efforts doivent tendre à rendre plus féconde cette source de la richesse nationale et à la préserver de tout ce qui pourrait la tarir.

A combien de mesures législatives ou réglementaires cette préoccupation n'a-t-elle pas donné naissance, depuis les édits (2) qui déclaraient le commerce de mer ne pas déroger à la noblesse, jusqu'aux lois sur les primes à la construction et à la navigation (3) ?

Toutefois, le principal effort de l'Etat doit porter sur la formation même des marins. Le métier de l'homme de mer est rude, périlleux, peu rémunérateur. S'il n'est encouragé, s'il n'offre à celui qui l'exerce quelque avantage qui compense au moins en partie les dangers et les fatigues qu'il impose, ce métier sera délaissé.

(1) Préambule d'un édit de 1666.
(2) Edits d'août 1669, décembre 1701, mars 1765.
(3) Lois des 6 mai 1841, 29 janvier 1881, 30 janvier 1893.

La richesse du pays ne serait pas seule à souffrir de ce délaissement.

Cause de prospérité pendant la paix, le commerce maritime est encore l'un des plus puissants moyens « pour rendre, en guerre, la force d'un Etat formidable (1). »

Pour équiper ses flottes, l'Etat doit avoir à sa disposition des hommes habitués dès l'enfance à la vie de bord, et initiés, par une longue pratique, aux rigoureuses exigences d'une discipline sévère. Quelques mois peuvent suffire à former et exercer un soldat. Mais un marin ne s'improvise pas. « ... Quelle que soit la transformation que subisse » notre matériel naval, nos équipages n'en devront pas » moins être habitués à considérer la vie de bord comme » leur existence propre, à respirer aisément dans les faux- » ponts et les batteries ; ils n'en devront pas moins réunir » toutes les qualités du marin proprement dit pour la ma- » nœuvre des ancres, la conduite des embarcations devenues » de plus en plus utiles..., enfin pour les opérations de » débarquement de troupes qui sont purement nautiques et » veulent des matelots éprouvés. Ces équipages... on ne les » trouvera que dans le personnel de la marine marchande » et de la pêche, là où se rencontrent toutes ces condi- » tions (2). »

L'intérêt général, étroitement lié à la prospérité commerciale du pays, exige donc que la profession de marin soit protégée d'une façon toute spéciale, afin que la marine marchande, en contribuant par son développement à la prospérité nationale, soit aussi comme la pépinière d'où sortiront les hommes destinés aux équipages de la flotte.

(1) Edit de 1666 cité plus haut.
(2) Filleau, traité de l'engagement des gens de mer, p. 40.

C'est là un premier motif de déroger au droit commun dans la réglementation de l'engagement des gens de mer.

Il est évident aussi que le droit commun, qui régit les rapports du patron et de l'ouvrier, ne saurait être appliqué, sans inconvénient, aux relations du capitaine et des matelots. Le capitaine serait absolument désarmé devant l'insubordination des marins, et de graves intérêts seraient compromis. « A bord d'un navire de commerce, comme sur un bâti- » ment de l'Etat, la vie de l'équipage et des passagers » dépend de l'ensemble et de la précision des manœuvres, » de l'obéissance ponctuelle aux ordres donnés, de la sou- » mission absolue envers celui qui commande..., en mer, » les moindres fautes sont graves par les funestes consé- » quences qu'elles peuvent entraîner (1). » On comprend, en effet, que « le capitaine d'un navire isolé en mer ne » peut compter que sur lui-même pour maintenir son » autorité, qui est cependant indispensable, non seulement » au succès de l'opération qu'il dirige, mais encore à la » sécurité, au salut même des personnes qui l'entourent, » équipage ou passagers... L'application du droit commun, » de celui qui régit à terre les relations du patron et de » l'ouvrier est une chimère irréalisable à bord d'un bâti- » ment ; elle conduirait inévitablement à une anarchie dont » les hommes, exposés sans direction à tous les périls de la » mer, seraient les premières victimes (2). »

Plus que tous autres, les marins sont intéressés à ce que

(1) Rapport au Président de la Répub., décret du 24 mars 1852; D. 52, 4, 127.

(2) Extrait d'une circulaire ministérielle du 2 mai 1884. B. O. 841, 836.

l'insuffisance du droit commun ne les livre pas sans défense aux entraînements et aux dangers auxquels les exposent la pauvreté, l'inexpérience et les passions ; dangers d'autant plus redoutables pour eux que, éloignés de leurs familles, ils sont moins frappés des conséquences désastreuses que peut avoir pour elles la dissipation des salaires destinés à les faire vivre.

La plupart des règles auxquelles est soumis le contrat d'engagement des gens de mer, surtout lorsqu'elles s'écartent de celles qui régissent le louage de services prévu par le Code Civil, s'inspirent des motifs que nous venons d'exposer.

Par exemple, l'Inscription maritime avec les charges qu'elle impose aux inscrits et les avantages qu'elle leur concède ; le rôle tutélaire de l'administration de la marine ; son intervention au moment de la passation du contrat ; l'impossibilité, pour les parties, de déroger à certaines dispositions déclarées d'ordre public ; les pouvoirs disciplinaires dont le capitaine est armé et les juridictions spéciales dont relèvent les gens de mer (1) ; l'obligation, pour l'armement, de rapatrier les marins débarqués à l'étranger ; les retraites auxquelles ont droit, sous certaines conditions déterminées, les hommes qui se livrent au métier de la mer ; tout cet ensemble d'institutions et de lois ont pour but de sauvegarder les intérêts généraux du pays, en même temps que les intérêts particuliers des marins.

Les salaires des gens de mer ont surtout paru dignes d'une protection spéciale, et les règles édictées par le législateur à ce sujet sont particulièrement intéressantes à étudier.

(1) V. décret disciplinaire du 24 mars 1852. D. 52, 4, 127.

La présence du commissaire de l'Inscription maritime, au moment où le contrat d'engagement prend naissance par l'accord des parties, a pour effet d'empêcher l'insertion, dans ce contrat, de clauses préjudiciables aux intérêts dont l'Etat a la garde. Le privilége que le Code de Commerce accorde aux marins pour le paiement de leurs salaires ; les règles qui président à ce paiement et qui obligent l'armateur à ne l'effectuer qu'en présence du commissaire de l'Inscription maritime ; l'insaisissabilité attachée à ces mêmes salaires sont autant de mesures d'une réelle efficacité qui mettent le salaire à l'abri de l'insolvabilité de l'armateur ou des poursuites des créanciers du marin.

Toutefois, ce n'est pas à ce point de vue seulement que les lois qui régissent les gages des gens de mer méritent d'arrêter l'attention.

Le contrat d'engagement revêt différentes formes, et c'est précisément le mode de rétribution stipulé par les marins qui les distingue les unes des autres.

Tantôt le marin s'engage pour une somme d'argent dont le montant est fixé à forfait pour tout le voyage, quelle que soit la durée de celui-ci ; tantôt il stipule une rémunération de tant par mois, rémunération dont le montant dépendra, par conséquent, de la durée du voyage.

Tandis que ces deux modes d'engagement sont qualifiés d'engagements à salaires fixes, parce que la quotité du salaire n'est nullement influencée par le succès ou l'insuccès de l'expédition, il en est d'autres, au contraire, dans lesquels les bénéfices plus ou moins considérables réalisés au cours du voyage ont sur les salaires une influence directe, puisque ceux-ci ne sont qu'une part proportionnelle de ces bénéfices. Ce sont les engagements à profits éventuels, engagements à la part, au profit ou au fret,

Au cours du voyage pour lequel le marin a loué ses services, que d'événements peuvent se produire qui dérangent les prévisions des parties, forcent l'armateur à changer l'itinéraire du navire, l'obligent peut-être à renoncer à l'expédition projetée !

Les conditions dans lesquelles la navigation devait s'effectuer peuvent se trouver tout à coup modifiées. Le navire est à la merci d'une tempête, le marin, d'une maladie. Le voyage sera peut-être prolongé, peut-être raccourci ou rompu.

Quelle influence ces différents événements auront-ils sur la créance des gens de mer ? Le législateur a pris soin de s'en expliquer et a posé des règles, ordinairement équitables, parce qu'elles cherchent à concilier le mieux possible les intérêts généraux du commerce avec les intérêts des gens de mer et de leurs familles.

Nous diviserons notre travail en trois parties.

Nous étudierons d'abord comment prend naissance la créance des gens de mer ; nous aurons donc à nous occuper de la formation du contrat d'engagement et de la manière dont sont fixés les salaires.

Dans une seconde partie nous aurons à voir les circonstances qui modifient le droit des marins aux salaires convenus, en distinguant les cas de force majeure de ceux qui dérivent de la volonté des parties.

Il nous restera à examiner comment les marins entrent en possession de leurs salaires et les mesures de protection dont leur créance est entourée.

# PREMIÈRE PARTIE

## COMMENT NAIT LA CRÉANCE DES GENS DE MER

### CHAPITRE PREMIER

#### DU CONTRAT D'ENGAGEMENT

### SECTION PREMIÈRE

**Nature du contrat d'engagement. — Entre quelles personnes il se conclut.**

Nous avons dit que le salaire des gens de mer est la rémunération d'un louage de services, et que ce louage de services diffère notablement du contrat réglementé par l'art. 1780 et suivants du Code Civil (1).

C'est à l'armateur que les marins se louent. C'est lui qui paiera leurs loyers et en demeurera tenu vis-à-vis d'eux quelle que soit par ailleurs la convention qui puisse mettre ces loyers à la charge du capitaine.

Néanmoins ce n'est pas au service de l'armateur que les

(1) Nantes, 5 avril 1873. N. 73, 1, 209.

marins se sont engagés. De lui, ils n'ont à recevoir aucun ordre ; et les manquements dont ils se rendraient coupables envers lui ne leur feraient pas encourir de peines disciplinaires spéciales. C'est au capitaine qu'ils doivent obéissance ; c'est à lui qu'ils sont soumis comme à leur chef hiérarchique, parce que c'est le capitaine qui conduit le navire ; qu'il en est le maître ; et que les marins sont attachés au service du navire et affectés à son exploitation (1).

Ainsi donc, le fait, par les marins, de louer leurs services, n'en fait point des domestiques ; et de ce que l'armateur s'est engagé à leur payer des salaires, il ne s'ensuit pas qu'ils soient au service de celui-ci.

C'est au capitaine qu'il appartient de former l'équipage et de choisir et louer les matelots et autres gens de l'équipage. Ainsi s'exprime l'article 223.

Ce droit du capitaine se justifie facilement. N'est-il pas convenable que le capitaine ait le choix des hommes dont il aura la responsabilité ? Il assume la lourde tâche de diriger la marche du navire ; il prend sous sa garde la vie des passagers et la fortune des chargeurs. Il faut lui laisser la liberté de choisir les collaborateurs, les *compagnons*, comme on disait autrefois (2), dont il a besoin pour remplir des fonctions dans l'exercice desquelles il est garant de ses fautes, même légères (3).

D'ailleurs, le capitaine, par sa profession même, est plus expert que l'armateur, plus apte que lui à reconnaître dans un homme cet ensemble de qualités qui constituent le bon marin. Le capitaine choisira en homme du métier, et son

---

(1) V. Fournier, III, p. 156; Filleau, p. 46.
(2) Valin, sur l'art. 5, tit. I, liv. III de l'ordonn. de 1681.
(3) Code de Comm., art. 221.

choix sera, d'ordinaire, plus judicieux que ne le serait celui de l'armateur, mal préparé par les négociations commerciales auxquelles il se livre journellement à apprécier, au point de vue technique, la valeur des hommes qui s'offriraient à lui. L'équipage formé par l'armateur présenterait donc moins de garantie. Les nécessités de la pratique commerciale, qui tend à supprimer tout ce qui peut entraîner des lenteurs et des complications, dispensent même le capitaine de requérir la ratification de l'armateur. On comprendrait qu'il en fût autrement, puisque la responsabilité des fautes des marins pèse sur l'armateur, à la fortune duquel les avaries peuvent également faire subir de graves préjudices.

Le capitaine est donc, de par la loi, mandataire de l'armateur dans le choix des hommes qui formeront l'équipage. C'est entre lui et ces hommes qu'auront lieu les pourparlers préliminaires à la conclusion du contrat. C'est avec lui que les marins discuteront et débattront les clauses et conditions de l'engagement, et notamment le montant des salaires ; c'est lui, enfin, qui a qualité pour former le contrat et, par l'accord de sa volonté avec celle des marins, conclure l'engagement. Les termes de l'art. 223 que nous avons rappelés plus haut ne laissent aucun doute à ce sujet, puisque la loi reconnaît au capitaine le droit de « choisir et *louer* les matelots et autres gens de l'équipage. »

On peut dire que le capitaine jouit d'une pleine et absolue liberté dans l'exercice de ce droit.

Sans doute, agissant dans l'intérêt et pour le compte de l'armateur, il sera responsable envers celui-ci des abus de pouvoir qu'il pourrait commettre. Car l'armateur lui a peut-être donné des instructions qu'il a dépassées. Mais ce n'est pas de l'armateur, c'est de la loi que le capitaine tient ses pouvoirs. Or les tiers connaissent les pouvoirs que lui

confère la loi ; ils ignorent les instructions que lui a données l'armateur. Il ne faut donc pas hésiter à déclarer valable
l'engagement souscrit à l'encontre des instructions de l'armateur, pourvu, bien entendu, que ceux avec qui contracte
le capitaine soient de bonne foi, et que rien dans les circonstances où se conclut l'engagement ne soit de nature à
révéler le défaut d'entente entre l'armateur et le capitaine :
*fraus omnia corrumpit.*

Le capitaine n'a donc pas seulement le choix des hommes
qui doivent former l'équipage : « maître de l'acte, le capi-
» taine l'est aussi des conditions (1). » Valin (2) dit que
« c'est l'armateur qui doit fixer le *quantum* des loyers. »
Rien de plus juste, puisque c'est lui qui les paie. Rien de
plus exact aussi. L'armateur donne ses instructions à son
capitaine, lui indique quelles sont, à cet égard, ses intentions, et quelles conditions devront être posées aux matelots.

Que le capitaine ait le devoir de se conformer aux instructions reçues ; qu'il ne puisse s'en écarter sans engager sa
responsabilité, c'est de toute évidence.

Mais vis-à-vis des marins avec qui il traite, le capitaine
jouit d'une capacité pleine et entière. Il ne nous semble
donc pas exact de dire que « le capitaine ne saurait engager
» l'armateur au delà de ses instructions, et, à défaut de
» celles-ci, des usages et du cours de la place (3) . »

(1) Laurin, t. I, p. 570, 571. — V. aussi Desjardins, II, nᵒ 387.
(2) Sur l'art 5, tit. I, liv. II, de l'ordonn. de 1681.
(3) Bédarride, II, nᵒ 269. *Sic* Bravard-Veyrières et Demangeat, IV, p. 181.
L'art. 16 de la hanse teutonique (1597) prescrit au maître, avant de prendre aucun matelot ou pilote « d'estre d'accord des gages qu'il luy » doit donner, avec le bourgeois ou les bourgeois, et ce, à peine de » vingt-cinq escus d'amende. » V. Desjardins, II, nᵒ 387.

L'armateur se trouve engagé à l'égard des marins et ceux-ci envers lui (1). Mais l'armateur ne serait pas engagé vis-à-vis du capitaine. Celui-ci ne pourrait donc se faire rembourser ce qu'il aurait payé en sus de ses instructions ou des usages. Mais les marins ont le droit de réclamer à l'armateur l'intégralité des salaires promis par le capitaine. Entre ce dernier et l'armateur, la question se résoudra par le paiement de dommages-intérêts. Nul doute aussi que l'armateur ne puisse user du droit que lui confère l'art. 218 du Code de Commerce qui lui permet de congédier le capitaine quand il lui plaît. Nous reconnaissons, d'ailleurs, que la responsabilité du capitaine serait pleinement à couvert « si le propriétaire, régulièrement informé du taux des » salaires que le capitaine a été dans la nécessité d'accor-» der, n'avait fait ni réclamations ni réserves (2). »

Aux pouvoirs du capitaine tels que nous venons de les définir, la loi n'a posé aucune limite. L'article 223 lui fait bien une obligation de se concerter avec les propriétaires lorsqu'il sera dans le lieu de leur demeure. Mais l'engagement conclu par le capitaine au mépris de cette obligation ne sera entaché de nullité que si les marins se sont sciemment engagés en violation des droits des propriétaires (3). Leur mauvaise foi sera la cause de l'annulation du contrat. Mais il est évident que cette annulation ne pourrait pas être demandée par les marins eux-mêmes.

En dehors de ce cas, non seulement l'engagement sera valable à l'égard des marins, mais il le sera aussi à l'égard de l'armateur qui ne sera même pas admis à prouver qu'il

---

(1) Pardessus, no 629.
(2) Bédarride, II, no 369.
(3) Alauzet, V, no 1748 ; Boistel, 1195 ; Cresp et Laurin, I, p. 577.

n'y a point participé (1). Les marins pourront donc, en toute sécurité, s'adresser à lui pour obtenir le paiement de leurs salaires auquel il ne pourra se soustraire qu'en établissant la mauvaise foi des marins qui se sont engagés en fraude de ses droits. Si cet engagement cause à l'armateur un préjudice quelconque, le capitaine en sera responsable et lui en devra réparation.

Disons toutefois que les recueils de jurisprudence contiennent fort peu de décisions relatives à l'hypothèse dont nous nous occupons et qui n'est pas de nature à se produire souvent. En général, les capitaines ne s'écartent pas, sans une absolue nécessité, des instructions qu'ils reçoivent de l'armateur et des prescriptions de l'art. 223. C'est leur intérêt. Assez lourde déjà est la responsabilité qui pèse sur eux. Ils ne songent guère à l'aggraver encore en outrepassant les pouvoirs, d'ailleurs fort étendus, que leur confère la loi.

Les principes que nous venons de rappeler nous dispensent, pour l'instant, de prendre parti dans la controverse à laquelle a donné lieu l'expression un peu vague de *demeure*, dont s'est servi le Code.

Que l'armateur soit domicilié dans le lieu où s'est conclu l'engagement; qu'il y ait seulement sa résidence habituelle, ou qu'il s'y trouve accidentellement présent, il est débiteur des salaires, même au cas où le capitaine ne s'est pas concerté avec lui, s'il ne parvient pas à établir l'existence d'une collusion frauduleuse entre les marins et le capitaine.

On voit dans quel sens il faut entendre ce que nous

---

(1) Lyon-Caen et Renault. Traité de droit maritime, I, 210. Contra : Desjardins.

disions tout à l'heure en déclarant que le pouvoir du capitaine dans la formation de l'équipage est absolu.

Ajoutons que l'exercice de ce pouvoir est réglementé par
de nombreux textes législatifs ou administratifs (1) ayant
trait à la nationalité des hommes de l'équipage, à leur nombre,
à leurs fonctions.

Le capitaine, qui choisit les hommes de l'équipage et qui
arrête valablement avec eux les clauses et conditions du
contrat d'engagement, est lui-même choisi par l'armateur.

A la condition de ne confier le commandement qu'à un
capitaine reçu pour le genre de navigation auquel le navire
est employé, l'armateur jouit, dans l'exercice de son choix,
de la plus entière liberté. Par armateur, nous désignons ici
le propriétaire, et non l'armateur gérant qui, simple mandataire des propriétaires, devra se conformer, dans l'exécution de sa mission, aux instructions reçues de ses man-
dants.

L'exécution du contrat d'engagement peut donner naissance, entre les parties, à des difficultés de toutes sortes.
Quel tribunal sera compétent pour les résoudre ? Nous ne
parlons ici que de la compétence *ratione materiæ*.

Le capitaine n'est pas commerçant. On est à peu près
d'accord pour reconnaître qu'il n'y a pas lieu de publier
son contrat de mariage et qu'il ne peut être déclaré en
faillite ou mis en liquidation judiciaire (2).

Les matelots ne sont incontestablement pas des commerçants. Or le contrat de louage de services est un contrat
civil. L'application, à l'engagement des gens de mer, des

---

(1) Décret du 21 septembre 1793, règlement du 7 novembre 1866.
(2) Lyon-Caen et Renault, I, 517 ; Desjardins, II, 375. Trib. de
Com. de Bordeaux, 19 juillet 1858, S. 1860, 3, 31.

principes de droit commun ferait de ce contrat passé entre
un commerçant, l'armateur, et des non commerçants, le
capitaine et les gens de mer, un contrat mixte qui permettrait au capitaine et aux hommes de l'équipage d'assigner
l'armateur devant le Tribunal de Commerce ou devant le
Tribunal Civil, à leur choix, tandis que l'armateur ne pourrait les assigner que devant le Tribunal Civil (1).

Le législateur a pensé qu'il valait mieux que le Tribunal
de Commerce fût exclusivement compétent. C'est de la
juridiction commerciale que relèvent toutes les questions de
droit maritime. Il semble rationnel que le Tribunal appelé
à prononcer sur toutes les difficultés relatives au commerce
de mer puisse seul connaître des engagements des gens de
mer. Dérogeant au principe suivant lequel le louage de
services n'est pas un acte de commerce, la loi répute acte
de commerce tous accords et conventions pour salaires et
loyers d'équipages, tous engagements de gens de mer pour
le service des bâtiments de commerce. Il s'ensuit que les
marins, lorsqu'ils devront recourir à la justice pour obtenir
l'exécution de leur contrat, ne pourront assigner l'armateur
que devant le Tribunal de Commerce.

(1) Merlin, quest. de droit, Vo Actes de Commerce, § 9 ; Pardessus, III, 1347 ; Dageville, Code de Com. expliqué, I, p. 17 ; Lyon-
Caen et Renault, I, 369 ; Bourges, 17 juillet 1837 ; Montpellier,
31 mars 1841 ; Cass., 12 déc. 1836 ; Cass., 6 nov. 1843.

SECTION SECONDE

## La Revue d'Armement

L'engagement des gens de mer est réglementé par une législation toute spéciale, et par le fait de leur engagement, les marins se trouvent soumis à une discipline sévère et quasi-militaire.

La manière dont le contrat prend naissance ne déroge en rien aux règles ordinaires du droit. C'est un contrat consensuel et synallagmatique. L'accord des volontés suffit à engager les parties. L'armateur qui à promis de payer les salaires a le droit d'exiger que le marin lui fournisse ses services. Néanmoins, si le marin s'y refuse et cherche à se soustraire à son obligation, l'armateur aura-t-il un moyen de l'y contraindre ? « Toute obligation de faire ou de ne pas faire, dit l'article 1142 du Code Civil, se résout en dommages-intérêts, en cas d'inexécution de la part du débiteur. » Et l'article 1780 du même Code : « ... Le louage de services fait sans détermination de durée peut toujours cesser par la volonté d'une des parties contractantes. » Ces articles sont-ils applicables en l'espèce ?

Ils le sont encore et ils le seront jusqu'à ce que le contrat ait été porté au rôle d'équipage (1). C'est seulement à partir de ce moment que le contrat, jusque-là soumis aux règles du droit civil, prendra le caractère de contrat mari-

---

(1) A noter cependant que, dès ce moment, le capitaine peut congédier le marin sans indemnité (art. 270.)

2

time et que les règles exceptionnelles dont nous avons parlé lui deviendront applicables.

Avant l'accomplissement de cette formalité, le marin peut rompre son engagement. Si cette rupture est préjudiciable à l'armateur, il lui en devra réparation en lui payant une indemnité dont les tribunaux devront, au besoin, fixer le montant. Après l'inscription au rôle d'équipage, il n'en va plus de même. Soumis au capitaine comme un soldat à son chef, le matelot devra, de gré ou de force, remplir son obligation. Qu'il laisse partir le navire sans se rendre à bord, le voilà déserteur et puni de prison. Déserteur encore, s'il s'absente sans permission pendant trois fois vingt-quatre heures de son navire ou du poste où il a été placé (1). Et la peine dont il est passible ne le dispense pas d'achever le voyage. S'il est arrêté et remis au capitaine, il devra reprendre sa place au milieu de l'équipage et terminer le voyage dans des conditions particulièrement désavantageuses puisqu'il n'aura plus droit qu'à la moitié des gages convenus (2).

C'est qu'à partir de l'inscription au rôle, les règles de droit commun font place aux règles exceptionnelles de droit maritime. Les liens qui unissaient, au début, les gens de mer à l'armateur se resserrent. Le contrat, à l'origine, était purement privé; de simples intérêts particuliers étaient en cause. Si les parties étaient bien et vraiment obligées les unes vis-à-vis des autres, rien de définitif cependant. Puis, un changement se produit. Il semble que ce soit vis-à-vis de la chose publique que les parties sont désormais liées. L'intérêt public est trop directement engagé à la fidèle exécution

(1) Décret du 24 mars 1852, art. 65.
(2) Décret du 24 mars 1852, art. 66.

du contrat, pour que ce contrat ne soit pas, de la part de l'autorité, soumis, quant à ses conditions, à un contrôle sévère, et quant à son exécution, à une surveillance rigoureuse.

L'inscription au rôle n'est qu'une partie de la formalité appelée revue d'armement ou revue de départ.

Il rentre dans le programme que nous nous sommes tracés d'en dire quelques mots. Mesure de protection établie en faveur des marins, elle sauvegarde leurs intérêts d'une manière générale, en permettant à l'autorité de contrôler les clauses du contrat d'engagement et de connaître le chiffre des salaires alloués aux marins. C'est la raison principale pour laquelle nous ne pouvons la passer sous silence ; il nous faut l'étudier brièvement. Ce sera pour nous l'occasion de voir comment se conclut définitivement le contrat qui rend les marins créanciers de l'armement et de connaître les motifs pour lesquels l'administration est elle-même créancière d'une partie des loyers des gens de mer.

L'ordonnance du 31 octobre 1784 (1) enjoint au capitaine de présenter à l'autorité maritime les gens de mer qu'il aura engagés, pour être inscrits sur les rôles d'équipage. Aux termes de cette ordonnance, une amende de trois cents livres est prononcée contre le capitaine pour chaque homme non compris dans lesdits rôles (2).

(1) Titre XIV, art. 1. Voir aussi ordonnance de 1681, livre II, tit. I, art. 10 ; édit de juillet 1720, tit. VI, art. 18 ; ordonnance du 31 octobre 1784, tit. XIV, art. 9 ; Code de Commerce, art. 192 et 250.

(2) L'art. 4 du décret du 24 mars 1852 punit l'embarquement de tout individu qui ne figure pas sur le rôle d'équipage d'une amende de 300 fr. si le bâtiment est armé au long cours ; de 50 à 100 fr. si le bâtiment ou embarcation est armé au cabotage ; de 25 à 50 fr. s'il est armé à la petite pêche.

Dans quel but cette inscription est-elle requise ?

L'ordonnance l'indique en prescrivant au capitaine, lorsqu'il présente les gens de mer par lui engagés pour former son équipage, de présenter en même temps les conventions qu'il aura faites avec eux, relativement à leurs salaires ou parts. Les commissaires doivent faire lecture desdites conventions en présence des gens de l'équipage, tandis que le nom de chaque homme engagé et les conditions de son engagement doivent être portés par ses soins sur le rôle d'équipage.

La revue d'armement consiste donc dans la présentation des hommes engagés, au commissaire de l'Inscription maritime qui prend connaissance des conditions du contrat, s'assure que les marins en ont bien saisi le sens et la portée, et s'oppose à l'adoption de celles de ces conditions qui contreviendraient aux dispositions légales.

Le rôle d'équipage est alors dressé par les soins du commissaire de l'Inscription maritime. Il contient, outre les mentions relatives au navire et à l'armateur, le nom de chaque marin, son domicile, le quartier, le folio et le numéro d'inscription et les conditions de l'engagement.

L'accomplissement de cette formalité permet tout d'abord à l'administration de la marine de vérifier si les hommes engagés sont bien des inscrits maritimes. On sait que tous les Français qui se destinent à la navigation sont tenus de se faire inscrire sur des registres spéciaux, et que seuls les inscrits maritimes peuvent contracter des engagements à bord des bâtiments de commerce (1).

Les inscrits maritimes sont destinés à former les équi-

(1) Ordonnances des 15 avril 1689, 31 octobre 1784 ; loi du 3 brumaire, an IV.

pages de la flotte. Grâce à l'Inscription maritime, la marine de guerre a une réserve dans les gens de mer du commerce ; et on a pu dire, non sans quelque exagération cependant, que les marins du commerce sont prêtés par l'Etat à la marine marchande (1). Il importe donc à l'administration de savoir quand les gens de mer quittent leurs quartiers et pour combien de temps.

Les règles applicables au recrutement des marins diffèrent, en effet, profondément du mode de recrutement habituel des armées de terre tel qu'il est réglé par la loi du 15 juillet 1889.

Primitivement (2), les marins inscrits dans chaque port étaient divisés en trois ou quatre classes appelées à servir à tour de rôle sur les navires de l'Etat.

Plus tard (3), on se contenta de prendre dans chaque circonscription maritime les hommes dont on avait besoin ; le temps de service imposé aux célibataires était deux fois plus long que pour les hommes mariés. Mais les absents échappaient au service.

La loi du 3 brumaire an IV apporta quelques modifications à ce mode de recrutement qui fut remplacé en 1835 par le système de la levée permanente (4). A partir d'un certain âge, tous les marins du commerce sont appelés au service de l'Etat. Mais ils n'y sont pas appelés tous ensemble, à une même date, par classes, comme cela se pratique dans l'armée de terre. Cette manière de procéder obligerait les marins à renoncer, quelque temps avant l'appel, à l'exercice de leur profession et à attendre, dans l'inaction, que

(1) Lyon-Caen et Renault, I, n° 341.
(2) Ordonnance du 15 avril 1689.
(3) Ordonnance du 31 octobre 1784.
(4) Décision ministérielle du 9 avril 1835.

l'heure du départ ait sonné. La levée permanente n'atteint qu'à leur retour en France, individu par individu, les marins dont le tour de marcher était arrivé pendant leur absence.

Il est facile de comprendre que la mise en application d'un semblable mode de recrutement nécessite, de la part de l'administration, une connaissance très exacte et très précise des engagements contractés par chaque matelot. Sans quoi, il lui serait impossible de se rendre compte des causes qui empêchent tel ou tel marin de répondre à son ordre d'appel.

Nous avons parlé du décret des 4-22 mars 1852. Ce décret indique un grand nombre de prescriptions tirées du Code de Commerce ou d'anciennes ordonnances (1) qui sont considérées comme dispositions d'ordre public, auxquelles il est interdit de déroger par des conventions particulières.

Le commissaire de l'Inscription maritime doit s'opposer formellement à l'adoption des clauses contraires aux dispositions de ce décret. Si l'administration maritime ne peut exercer aucune autorité en ce qui touche le règlement des conditions de l'engagement, et si elle doit laisser pleine liberté aux capitaines, armateurs et gens de mer de passer entre eux telles conventions qu'il leur plaît, il appartient à l'administration d'exercer une sorte de tutelle à l'égard des gens de mer, en leur interdisant, dans leur propre intérêt, de consentir à certaines conditions que leur inexpérience ou

(1) L'art. 1 de ce décret indique, comme dispositions d'ordre public, les art. 262, 263, 265, 270 du Code de Com. ; l'ordon. du 1er nov. 1745 ; l art 37 de celle du 17 juillet 1816 ; les art. 1, 5 et 8 de l'arrêté du 5 germinal an XII, et 252 § 5 du Code de Com. ; les §§ 2 et 3 de l'art. 3 de l'ordon. du 9 oct. 1837.

la pauvreté les disposerait à accepter. Le rôle de l'administration se justifie facilement. Les dispositions que le décret de 1852 déclare d'ordre public ont pour but de protéger les salaires du marin et de pourvoir à l'existence et au retour en France des gens de mer. Elles intéressent donc, au plus haut point, et le recrutement de la marine militaire et la prospérité de la marine marchande. La vigilance de l'autorité maritime empêchera l'introduction des abus qui pourraient compromettre ces grands intérêts (1).

Le taux du salaire alloué aux gens de mer doit être déclaré au commissaire de l'Inscription maritime, lors de la revue d'armement, et porté par lui au rôle d'équipage. Cette mention du rôle d'équipage a une importance toute particulière, tant pour le marin que pour l'administration elle-même. Nous verrons bientôt quelle est son utilité, au point de vue de la preuve, s'il s'élève à ce sujet quelque contestation entre armateur et matelots. Nous verrons également, plus tard, quand nous parlerons du caractère privilégié de la créance du matelot, que le privilége qui lui est accordé ne peut être exercé qu'autant que ses gages et loyers sont justifiés par les rôles d'armement et de désarmement arrêtés dans les bureaux de l'Inscription maritime (2).

L'administration a, d'ailleurs, un intérêt direct à connaître le chiffre des salaires alloués aux gens de mer. Nous devons, pour le démontrer, dire quelques mots de la Caisse des Invalides de la Marine.

(1) V. rapport du ministre de la marine joint au décret des 4-22 mars 1852, D. 52, 4, 84.
(2) Code de Commerce, art. 191-6°, 192-4°.

## SECTION TROISIÈME

### La Caisse des Invalides de la Marine

L'Inscription maritime fait peser de lourdes charges sur les inscrits maritimes, qui sont à la disposition du ministre de la marine de l'âge de vingt ans à celui de cinquante.

Il ne fallait point que ces charges détournassent les habitants du littoral de leur dure et périlleuse profession.

Aussi, de nombreux avantages leur ont-ils été accordés.

Dispensés de tout service public autre que celui de l'armée navale, les gens de mer français ont le monopole de la pêche dans les limites de l'Inscription maritime.

Des pensions sont accordées à ceux d'entre eux qui ont vingt-cinq ans de services sur les bâtiments de l'Etat, ou qui y ont reçu, dans un service commandé ou requis, des blessures graves ou incurables; des pensions sont également accordées, dans certains cas, aux veuves et aux orphelins de ces marins.

Ce n'est pas de ces pensions que nous avons à parler, mais bien de celles qui, sous le nom de demi-solde, sont allouées à *tout* marin qui a atteint cinquante ans d'âge et vingt-cinq ans de services, quand bien même il n'aurait servi sur les vaisseaux de l'Etat que pendant le temps fixé par la loi et nécessité par les besoins du service.

Les inscrits maritimes ne sont pas des fonctionnaires, et cependant l'Etat les traite, à certains points de vue, comme des fonctionnaires, en leur accordant une pension de retraite.

Il est vrai de dire que le paiement de ces pensions n'est pas à la charge du budget de l'Etat. Le service en est fait par une caisse spéciale, rattachée administrativement au ministère de la marine et qui s'appelle « *Caisse des Invalides de la Marine.* »

Cette caisse doit son origine à Louis XIV.

Le 19 avril 1670, une ordonnance promettait aux marins estropiés à son service un secours viager sur les fonds de l'Etat.

Trois ans plus tard (1), il prescrivait une retenue de six deniers par livre sur la solde des officiers et des marins pour fonder des hôpitaux à Rochefort et à Toulon, ou accorder des secours à ceux qui préféreraient se retirer dans leurs familles.

Une ordonnance du 15 avril 1689 décida qu'en attendant leur admission dans les hôpitaux, les Invalides de la marine recevraient une demi-solde, c'est-à-dire la moitié de la paye qu'ils recevaient en activité de service. Un édit de mai 1709 abaissa de six à quatre deniers (2) par livre la retenue prescrite par l'ordonnance du 23 septembre 1673. Mais cette retenue n'était plus opérée seulement sur la solde des marins de l'Etat. Elle l'était également sur la solde des marins du commerce appelés, eux aussi, à bénéficier des avantages concédés par la Caisse des Invalides. Par la loi du 13 mai 1791, les pensions civiles et militaires au-dessus de six cents livres furent mises à la charge de l'Etat.

La Caisse des Invalides de la marine est actuellement

---

(1) Ordonnance du 23 septembre 1673.

(2) La livre valait 0 fr. 99. Le denier n'en était que la 240e partie. La retenue de 6 deniers par livre équivalait donc à 2 fr. 475 % ; et la retenue de 4 deniers par livre équivalait à 1 fr. 65 %.

régie par cette loi de 1791, par les lois du 11 avril 1881,
et du 22 mars 1885, et par de nombreuses dispositions
législatives ou réglementaires qu'il est inutile de rappeler
ici.

A l'origine, la Caisse des Invalides ne fut qu'une sorte
de tontine, une caisse de secours; plus tard, elle paya les
pensions de retraite et de demi-solde de tout le personnel
marin. Depuis la loi du 22 mars 1885, qui l'a déchargée du
service des pensions militaires, ainsi que de celles du personnel civil du département de la marine et des colonies,
la Caisse n'a plus à pourvoir qu'aux demi-soldes, pensions
et secours accordés au personnel commercial.

Ces demi-soldes et les pensions qui en dérivent constituent pour la caisse une charge annuelle d'environ treize
millions.

Avec quelles ressources la Caisse des Invalides fait-elle
face à cette énorme dépense?

Le décret du 17-22 novembre 1885 indique d'une
manière très complète les dotations et revenus de la Caisse.
Nous devons mentionner seulement le versement de 5 o/o
de la totalité de leurs émoluments opéré par les officiers des
différents corps de la marine autorisés à servir à bord des
paquebots ou des navires de commerce (1); les taxes et les
retenues sur les salaires des marins employés par le commerce, et sur le bénéfice de ceux qui naviguent à la part ou
se livrent à la pêche.

Nous avons vu que cette taxe était, en vertu de l'édit de
. mai 1709, de quatre deniers par livre sur les appointements des gens de mer naviguant au mois ou au voyage.
Quant aux appointements des gens de mer naviguant à la

(1) Loi de finances du 8 août 1885, art. 10.

part, ils étaient frappés d'une taxe fixe correspondant à la même proportion.

En mars 1713, la retenue à exercer sur les salaires des marins payés au mois ou au voyage fut portée de quatre deniers à six deniers par livre; et la taxe fixe à prélever sur les émoluments des marins naviguant à la part fut élevée de moitié.

Ces dispositions furent maintenues dans l'édit de juillet 1720.

La loi du 13 mai 1791, au lieu d'une taxe fixe prescrivit d'exercer sur les bénéfices des marins naviguant à la part, une retenue de six deniers par livre, comme sur la solde des marins engagés au mois. L'arrêté consulaire du 27 nivôse an IX, maintenait le même principe, en élevant généralement la retenue à trois centimes par franc. Mais deux ans plus tard, on abandonnait cette voie pour retourner à l'ancien système d'une perception combinée selon la nature des engagements. On se référait, par conséquent, à l'édit de 1720, avec, toutefois, une augmentation d'un cinquième pour les marins naviguant à la part. La prestation des hommes employés à la pêche était réglée d'après le tonnage des bateaux.

Il y avait, dans cette disposition de l'arrêté du 19 frimaire an XI, une erreur de calcul, reproduite d'ailleurs dans l'ordonnance du 22 mai 1816. Cette erreur consistait en ce que, dans le rétablissement de la taxe fixe, pour maintenir la balance entre les contribuables de la Caisse, il eût fallu ne pas se borner à élever d'un cinquième le tarif de 1720, mais tenir compte, en outre, de ce fait que, dans la période de près d'un siècle alors écoulée, les salaires des marins employés par le commerce avaient doublé. Il en résultait que les marins naviguant à la part ne versaient à la caisse commune qu'une retenue bien inférieure à celle que supportaient, à raison de trois centimes par franc, les marins engagés au mois ou au voyage.

L'ordonnance du 9-27 octobre 1837 mit fin à cette situation. Elle ne modifia pas le taux de la retenue à exercer sur les salaires des marins engagés au mois ou au voyage, qui continua d'être de trois centimes par franc. La même retenue fut prescrite sur les décomptes des marins employés aux pêches de la baleine et de la morue, dites grandes pêches. Quant aux marins engagés à la part, soit pour le cabotage, soit pour la petite pêche, ou pêche du poisson frais, la taxe fixe à payer par eux fut réglée environ à trois pour cent sur l'estimation qui fut faite de leurs émoluments mensuels.

C'est ainsi que, en ce qui regarde les marins engagés à la part pour le cabotage, on évalua à 66 francs la part mensuelle du capitaine, et à 33 francs celle des officiers mariniers. Le capitaine devait donc verser deux francs par mois, et les officiers mariniers un franc. Les salaires des matelots, mousses et novices, ayant été évalués respectivement à 25 francs, 16 francs et 8 francs, ils devaient payer, les matelots 75 centimes, les novices 50 centimes et les mousses 25 centimes.

Pour les marins faisant la petite pêche ou pêche du poisson frais, une évaluation analogue permit de réclamer mensuellement au patron 80 centimes, aux matelots 50 centimes, aux novices 30 centimes, et aux mousses la modique somme de 15 centimes.

Dans le but de maintenir l'égalité entre les marins engagés au voyage ou au mois et les marins engagés à la part ou au profit, il a fallu récemment élever le chiffre de la taxe à payer par ces derniers. Tandis que les marins engagés au mois ou au voyage continuent à verser à la Caisse des Invalides trois pour cent de leurs loyers, depuis la loi du 11 avril 1881, les marins engagés à la part pour le cabotage ou le pilotage en mer versent mensuellement à ladite caisse, savoir : le capitaine ou maître, la somme de trois francs ; les officiers mariniers et les pilotes moitié moins ; les matelots, novices et mousses respectivement 1 fr. 20, 0 fr. 75 et 0 fr. 30.

Depuis la même époque, l'administration retient aux patrons des bateaux faisant la petite pêche au poisson frais, ou le pilotage en rivière, une somme de 1 fr. 50 par mois. Les matelots naviguant dans les mêmes conditions doivent verser une somme de 0 fr. 75 ; les novices 0 fr. 50 et les mousses 0 fr. 25.

Les retenues ainsi opérées sur les salaires, parts ou profits, procurent à la caisse des Invalides une somme annuelle de 1.900.000 francs (1).

Disons aussi que la moitié de la solde acquise par les déserteurs de la marine du commerce sur les bâtiments auxquels ils appartenaient au moment du délit est versée à la Caisse des Invalides (2). Il en est de même de la totalité des sommes dues par l'Etat aux déserteurs de la marine militaire. Ceci ne constitue, heureusement, pour la Caisse des Invalides qu'une très faible ressource qui ne dépasse guère·6.000 francs par an.

L'administration de la marine étant chargée d'opérer le recouvrement des sommes qui doivent rentrer dans la Caisse des Invalides, on voit de suite son intérêt à connaître le chiffre des salaires alloués aux marins.

(1) V. Budget de 1894. Journ. off. du 13 juillet 1893. Doc. parlem., Chambre, p. 667, n° 7855.

(2) Loi du 13 mai 1791, tit. I, art 4. — Décret du 24 mars 1852, art. 69.

Lorsque le navire désarmera, les commissaires auront en mains les éléments nécessaires à la liquidation des salaires. Ils pourront, en remettant aux marins le montant de leurs loyers, retenir la part qui doit être versée à la Caisse des Invalides.

Mais comment s'opérerait cette liquidation, si l'administration de la marine n'était mise à même de connaître très exactement les conditions des engagements ?

C'est pourquoi l'édit de 1720 (1) ordonne aux capitaines, maîtres et patrons, à leurs officiers mariniers, matelots et autres, de déclarer *au juste* aux officiers de l'Inscription maritime les conditions de leurs engagements avec leurs armateurs, à peine, pour les contrevenants, de perdre ce qui leur reviendrait pour leur voyage. Il enjoint aux armateurs de faire les mêmes déclarations, à peine de cent livres d'amende, en cas de contravention, le tout applicable au profit des Invalides.

Pour assurer la recette des droits attribués aux Invalides, et pour mettre les trésoriers en état de la faire promptement, en sorte qu'il n'en échappe aucune par les non-valeurs et insolvabilités et autres causes, le même édit (2) ordonne aux commissaires de la marine de ne délivrer aux négociants ou armateurs les rôles des équipages, avant qu'ils n'aient payé les droits du précédent voyage ou donné bonne ou suffisante caution (3).

(1) Edit de juillet 1720, art. 18.
(2) Edit de juillet 1720, art. 22.
(3) Le rôle d'équipage est une des pièces que le capitaine est tenu d'avoir à bord. Code de Com., art. 226.

## SECTION QUATRIÈME

### Mode de constatation et preuve du contrat

———

Comment se prouvent l'existence de l'engagement des gens de mer, les clauses et conditions de cet engagement et notamment le taux des salaires ?

On sait qu'en matière commerciale la preuve testimoniale est de droit commun et que les tribunaux peuvent l'autoriser dans tous les cas où ils croient devoir l'admettre (1).

Il semble, cependant, que cette règle reçoive exception en ce qui concerne le droit maritime. Tous les grands contrats du droit maritime, tels que la vente volontaire d'un navire (2), l'affrétement (3), le contrat à la grosse (4), le contrat d'assurances (5), doivent être rédigés par écrit. La convention qui permet au capitaine de réclamer une indemnité au propriétaire qui le congédie (6) ; celle qui donne droit aux quirataires ne formant pas la moitié de l'intérêt total dans le navire, d'en obtenir la licitation (7) doivent également être constatées par écrit.

Le contrat d'engagement des gens de mer étant l'un des

(1) Code de Commerce, art. 109.
(2) Code de Commerce, art. 195.
(3) Code de Commerce, art. 273.
(4) Code de Commerce, art. 311.
(5) Code de Commerce, art. 332.
(6) Code de Commerce, art. 218.
(7) Code de Commerce, art. 220.

plus importants de tout le droit maritime, de grands intérêts se trouvant en jeu par le fait de sa conclusion, il eût été surprenant que le législateur ne proscrivît pas, en ce qui le concerne, la preuve par témoins ou par présomptions.

Le consulat de la mer voulait déjà que les conventions, pour l'engagement à la part, fussent constatées par écrit. Il prescrivait (1) au patron qui conduirait son navire à la part de faire écrire toutes les conventions et accords qu'il ferait ou aurait faits avec tous les matelots qui devaient naviguer avec lui.

L'ordonnance du mois d'août 1681 (2) contient une disposition ainsi conçue : « Les conventions des maîtres avec les gens de leur équipage seront rédigées par écrit, et en contiendront toutes les conditions, sinon les matelots en seront crus sur leur serment. »

Nous avons déjà parlé de l'ordonnance du 31 octobre 1784. Cette ordonnance oblige le capitaine qui présente au bureau des classes les gens de mer par lui engagés pour former son équipage de présenter, en même temps, les conventions qu'il aura faites avec eux relativement à leurs salaires ou parts. Elle ordonne aux commissaires des classes de faire lecture desdites conventions en présence des gens de l'équipage.

Elle prescrivait donc la rédaction par écrit du contrat d'engagement.

Que dit à ce sujet le Code de Commerce ?

« Les conditions d'engagement du capitaine et des hom-
» mes d'équipage d'un navire sont constatées par le rôle
» d'équipage ou par les conventions des parties. »
(Art. 250).

(1) Consulat de la mer, chap. 102 ; V. Pardessus, II, p. 241.
(2) Livre III, tit. 4, art. 1.

La tradition jette sur ce texte assez de clarté pour qu'on soit en droit d'être surpris de certaines des controverses auxquelles il a donné lieu.

Il nous paraît évident que l'art. 250, en déclarant que les conditions de l'engagement sont constatées par le rôle d'équipage ou par les conventions des parties, a voulu proscrire la preuve par témoins et par présomptions.

L'engagement des gens de mer, avons-nous dit, ne devient définitif et ne revêt le caractère de contrat maritime que par l'inscription au rôle d'équipage.

Mais le rôle n'est ordinairement dressé qu'après l'engagement de tous les hommes qui doivent former l'équipage : comment s'y prendra l'armateur pour prouver l'engagement avant l'inscription au rôle ? L'art. 250 n'indique que deux modes de preuve. Puisqu'il faut, dans l'espèce dont nous nous occupons, laisser de côté le rôle d'équipage, l'armateur n'a plus à sa disposition, comme moyen de preuve, que « les conventions des parties. »

Mais ce sont précisément les conventions des parties qu'il s'agit de prouver !

Le législateur n'a pas pu, cependant, vouloir dire que les conventions se prouveraient par elles-mêmes. Ce n'aurait aucun sens (1).

Force est donc bien de reconnaître qu'en disant que l'engagement se prouvait par les conventions des parties, le Code a employé le mot *conventions* dans le sens *d'écrit qui les constate*. C'est une manière de parler qu'il n'est pas rare de rencontrer dans nos lois.

Ainsi, la question ne saurait faire de doute. Avant la rédaction du rôle d'équipage, l'engagement doit se prouver

(1) Lyon-Caen et Renault, I, n° 364.

par écrit. Qu'on ne vienne pas dire que la preuve testimoniale est de droit commun en matière commerciale (1) ; nous avons démontré qu'elle ne l'est pas en matière maritime. On ne saurait, non plus, critiquer l'interprétation donnée plus haut au mot « conventions » puisque cette interprétation est la seule qui donne au texte de l'art. 250 un sens raisonnable, conforme d'ailleurs aux habitudes de langage du législateur (2). Le projet de 1867, dont on cherche à tirer argument contre notre solution, ne fait que reproduire l'art. 250 du Code.

Dira-t-on que les matelots sont souvent illettrés et ne savent pas écrire ? L'édit de 1784 prévoyait le cas. Après avoir prescrit la rédaction des conventions par acte public ou sous seing privé en double original, dont l'un devait demeurer au pouvoir des gens de mer, l'édit ajoutait que si les gens de mer ne savaient pas écrire, lesdites conventions seraient portées sur le livre de bord, tenu en conformité de l'ordonnance de 1681 et paraphé par le lieutenant de l'amirauté. Les commissaires des classes, après avoir fait lecture des conventions en présence des gens de l'équipage, devaient les noter sur leurs livrets. A défaut des conventions rédigées par acte public ou sous seing privé en double original, les notes des livrets faisaient foi en justice dans les contestations qui pouvaient s'élever entre les capitaines et maîtres et les gens de leur équipage, relativement à l'exécution de leurs conventions respectives. Et à défaut, par les capitaines et maîtres, de faire faire lesdites notes sur les livrets, les matelots en étaient crus à leur serment (3).

(1) Desjardins, III, n° 624, — de Valroger, II, n° 614.
(2) V. art. 1131 du Code Civil.
(3) Ordonn. du 31 octobre 1784, art. 9, 10 et 11.

Actuellement, les matelots ne seraient pas seuls admis à prêter serment. L'écrit n'étant exigé que *ad probationem*, l'aveu et le serment devraient être autorisés comme moyens de preuve.

La question est plus complexe après que le rôle d'équipage a été dressé.

Ce que nous avons dit relativement à l'exclusion de la preuve par témoins et présomptions conserve toute sa force.

La production du rôle d'équipage sera le mode normal et régulier de prouver les clauses de l'engagement; et, si l'on peut être admis à prouver contre et outre le contenu au rôle, on ne le pourra faire que par écrit, aveu ou serment.

Mais la question est précisément de savoir si on peut être admis à combattre ou à compléter le rôle d'équipage.

Il a été jugé qu'au point de vue des principes, on doit seulement tenir pour vraies les mentions officielles existant sur le rôle d'équipage (1); et que tous changements ou modifications qui interviennent entre un capitaine et les gens de son équipage doivent avoir lieu nécessairement devant les commissaires des classes (2).

La jurisprudence assimile assez volontiers le rôle d'équipage à l'acte authentique : « Rédigé par un fonctionnaire public chargé de constater l'accord des intéressés, il a le caractère et doit produire les effets de tout acte authentique (3). »

Cette opinion a de nombreux défenseurs dans la doctrine (4). Bien des arguments peuvent être invoqués en sa

---

(1) Tribunal de Commerce de Vannes, 25 juin 1875, N. 75, 1, 207.
(2) Marseille, 13 mars 1830, M. 1830. 1, 198.
(3) Rouen, 7 février 1881, D. 82, 2, 25.
(4) Filleau, n° 15, — Laurin, I, p. 467; — Bédarride, II, n° 545.

faveur. Elle a le mérite d'être simple et de tarir dans leur
source une foule de contestations. Elle donne toute son
efficacité à l'intervention de l'administration maritime. Ses
partisans la déclarent conforme à l'intention du législateur
qui, en indiquant d'abord comme moyen de preuve le rôle
d'équipage, aurait montré par là que nul autre mode de
preuve ne saurait être admis quand le rôle a été dressé.

Ce système, cependant, n'est pas sans inconvénients.

On comprend parfaitement que la réduction de salaire
qu'un marin aurait consentie après la rédaction du rôle ne
soit pas obligatoire pour lui, si ce consentement n'a pas été
donné en présence du représentant de l'administration de la
marine (1). Mais interdira-t-on, par exemple, au marin qui,
en cours de voyage, a obtenu une augmentation de salaire,
de faire la preuve de cette stipulation non mentionnée au
rôle d'équipage ? Il pourrait se faire qu'en voulant trop
protéger le marin, on lui portât préjudice.

Aussi, certains auteurs (2) préconisent-ils une solution
intermédiaire permettant de prouver par tous les moyens,
mais seulement contre l'armateur, les stipulations non portées au rôle d'équipage ; pourvu, toutefois, que le marin
n'ait pas profité des embarras du capitaine pour lui extor-
quer une augmentation de salaires.

Il est incontestable qu'il n'est pas de l'essence du contrat
d'engagement d'être porté au rôle (3). On ne saurait donc
déclarer nulles, par le fait seul qu'elles n'y sont point men-
tionnées, les stipulations non contraires par ailleurs à l'ordre
public. Cela peut constituer un danger pour le marin. Et

(1) Marseille, 17 mars 1830.
(2) De Valroger, II, n° 515.
(3) Desjardins, III, n° 625.

bien loin de préférer la loi allemande (1) qui va jusqu'à exclure la nécessité d'un écrit dans toutes les matières du droit maritime, nous préférerions, une fois dressé le rôle d'équipage, qu'on ne tint compte que de ce qui y est contenu.

L'art. 1341 du Code Civil interdit de recevoir aucune preuve par témoins contre et outre le contenu aux actes, ni sur ce qui serait allégué avoir été dit lors ou depuis les actes. L'article ajoute, il est vrai : « Sans préjudice de ce qui est prescrit dans les lois relatives au commerce. »

On a voulu en conclure que la preuve par témoins était admissible quand il s'agissait de combattre ou de compléter les mentions portées au rôle (2).

Aux arguments que nous avons développés tout à l'heure pour démontrer l'inexactitude de cette opinion, nous pouvons ajouter celui-ci : C'est que si la preuve testimoniale est admissible en matière commerciale, et si les prohibitions de la loi civile y sont inapplicables (3), il faut en excepter le cas où le législateur exige expressément un acte écrit (4).

L'engagement des gens de mer devant être constaté par écrit, la preuve outre et contre le contenu au rôle devra donc être faite par écrit, ou encore par l'aveu ou le serment, conformément aux règles générales du droit.

---

(1) Loi du 27 décembre 1872, art. 24.
(2) Desjardins, III, no 625.
(3) Cass. 1 r août 1810, 11 novembre 1813, 24 mars 18?5, 21 juin 1827, 15 janvier 1828, 2 janvier 1843.
(4) Lyon-Caen et Renault, I, no 365.

SECTION CINQUIÈME

## Règles spéciales à l'engagement du capitaine

―――――

« Toutes les dispositions concernant les loyers sont communes aux officiers et à tous autres gens de l'équipage. »
Ainsi s'exprime l'article 272.

Nous n'avons aucune observation à faire à l'égard des officiers autres que le capitaine. Mais, en ce qui concerne le capitaine, il y a lieu d'observer qu'il occupe une situation à part. C'est lui qui choisit les officiers et les matelots. Nous l'avons vu débattre avec les gens de l'équipage les conditions de l'engagement. Et il faut prendre ici l'expression « gens de l'équipage » dans son acception la plus large, qui désigne à la fois les officiers et les matelots.

Mais, qui choisit le capitaine? Comment est fixé le chiffre de ses salaires? Et si le contrat qui lie les gens de mer à l'armateur est un louage de services, quelle est la nature de la convention passée entre l'armateur et le capitaine?

On conçoit, en effet, que les explications que nous avons données sur ces différents points en ce qui concerne les gens de l'équipage, ne puissent pas s'appliquer entièrement au capitaine. Celui-ci, en raison même du rôle qu'il joue, des fonctions multiples et variées qu'il remplit, est soumis à certaines règles spéciales que nous aurons plusieurs fois l'occasion de signaler.

De même que nous avons cru devoir étudier la manière dont prend naissance la créance des matelots, il nous faut

dire quelques mots de la façon dont se conclut l'engagement
du capitaine.

La règle est que le capitaine est choisi par l'armateur.
Ce n'est qu'une application du principe en vertu duquel le
choix de l'équipage appartient au capitaine.

Le capitaine choisit les gens de mer, parce qu'il en est
responsable. Chef de l'équipage, responsable de ses fautes,
il peut le composer à sa guise, en se conformant, bien
entendu, aux prescriptions réglementaires, et en respectant,
comme il convient, les droits des armateurs.

Ceux-ci choisissent le capitaine parce qu'ils en sont
responsables. Aux termes de l'article 216 du Code de Commerce, tout propriétaire de navire est civilement responsable
des faits du capitaine et tenu des engagements contractés
par ce dernier, pour ce qui est relatif au navire et à l'expédition, sauf la faculté de l'abandon.

L'armateur peut être propriétaire du navire.

Nul autre que lui ne peut, en ce cas, désigner le capitaine.

Le navire peut appartenir à plusieurs propriétaires qui
l'exploitent eux-mêmes, soit en personne, soit par l'intermédiaire d'un armateur gérant. A défaut de conventions
contraires venant restreindre les pouvoirs de l'armateur
gérant, c'est lui qui doit choisir le capitaine. Mais les propriétaires ont pu se réserver ce droit. Pour l'exercer, ils
devront se conformer aux dispositions de l'article 220 qui
déclare qu'en tout ce qui concerne l'intérêt commun des
propriétaires d'un navire, l'avis de la majorité est suivi, et
que : « la majorité se détermine par une portion d'intérêt
» dans le navire excédant la moitié de sa valeur. »

Si le navire est loué à un armateur qui l'exploite pour

son propre compte, l'armateur choisira le capitaine, bien que, dans certains cas, le propriétaire puisse être déclaré responsable des actes de ce capitaine.

L'affréteur principal, qui loue le navire tout garni à l'armateur pour le sous-louer ensuite aux chargeurs, n'a pas à intervenir dans la nomination du capitaine (1).

La navire peut appartenir pour partie au capitaine.

Dans ce cas, nous l'avons vu, l'avis de la majorité doit être suivi ; par conséquent le capitaine propriétaire de plus de la moitié du navire peut en prendre le commandement malgré l'opposition des autres propriétaires. Dans ce cas, et dans ce cas seulement, le capitaine ne peut être congédié.

Malgré les nombreuses différences qui distinguent du louage du droit civil l'engagement des gens de mer soumis aux règles spéciales du droit maritime, cet engagement n'en est pas moins un pur contrat de louage de services.

En est-il de même du contrat passé entre l'armateur et le capitaine, et les appointements alloués à celui-ci ne sont-ils que le prix de la location de ses services ?

Non, assurément.

Sans vouloir aller jusqu'à dire, comme on l'a soutenu (2), que le contrat intervenu entre le capitaine et l'armateur est un pur mandat, ce qui aurait pour résultat de rendre l'armateur responsable des dommages subis par le capitaine dans l'exercice de ses fonctions, sans aucune faute à la charge de l'armateur (3), il faut reconnaître que le contrat qui intervient entre l'armateur et le capitaine tient à la fois du louage de services et du mandat.

---

(1) Cfr. Cass. req. 6 avril 1852, D. 1852, 1, 149.

(2) Charvériat : quelle est la nature juridique de l'engagement du capitaine envers l'armateur ? 1888, p. 1 et s.

(3) Art. 2000 du Code Civil.

C'est en exécution du contrat par lequel il a loué ses services, que le capitaine préside à la direction du navire et emploie ses connaissances techniques à lui assurer, ainsi qu'aux passagers et au chargement, une heureuse traversée.

Mais là ne se borne pas son rôle.

Indépendamment des fonctions publiques dont il est investi et dont nous n'avons pas à parler ici (1), le capitaine est chargé des intérêts de l'armateur. C'est à lui que l'armateur confie l'accomplissement des nombreux actes juridiques que rend nécessaires le commerce de mer. C'est lui qui, au nom de l'armateur, engage les hommes de l'équipage. C'est lui également qui, vis-à-vis des chargeurs, représente l'armateur et exécute, au nom de celui-ci, les clauses principales du contrat d'affrétement.

Dans l'accomplissement de ces différents actes, le capitaine agit pour le compte de l'armateur dont il est le mandataire.

Le double caractère du contrat conclu par l'armateur et le capitaine n'est pas sans influence sur la nature de la rétribution allouée à ce dernier.

Quand le capitaine accomplit les actes qui découlent du contrat en vertu duquel il a loué ses services, quand il exerce, en un mot, sa profession de marin, il engage assurément la responsabilité de l'armateur, puisque tout propriétaire de navire est civilement responsable des faits du capitaine ; mais il engage aussi et directement sa responsabilité

---

(1) Le décret du 24 mars 1852 détermine les droits et devoirs du capitaine en matière disciplinaire. — Le Code Civil (art. 59, 60, 61, 86, 87) l'investit des fonctions d'officier d'état civil pour constater les naissances et les décès survenus à bord. — Le capitaine joue également le rôle de notaire pour la réception des testaments à bord (Civ., art. 988).

personnelle. Et cette considération est de nature à lui faire éviter toute négligence dans l'accomplissement de son devoir professionnel.

Au contraire, quand il exerce le mandat qu'il a reçu de l'armateur, celui-ci seulement est engagé vis-à-vis des tiers : *qui mandat ipse fecisse videtur*. Les principes généraux et le texte de l'art. 216 veulent que le propriétaire du navire soit tenu des engagements contractés par le capitaine, pour ce qui est relatif au navire et à l'expédition. Quant au capitaine, il ne s'est pas engagé personnellement. Il demeure donc, vis-à-vis des tiers avec lesquels il a contracté au nom de l'armateur, irresponsable de la non exécution ou de la mauvaise exécution du contrat. Mais si ce contrat a lésé les intérêts de l'armateur, celui-ci aura un recours contre le capitaine, qui se trouvera à la fois créancier de ses loyers et débiteur de dommages-intérêts. Outre que le montant de ces dommages-intérêts sera souvent supérieur au chiffre des loyers, la compensation ne sera pas toujours possible entre les deux créances dont l'une — celle des loyers — sera, le plus souvent, liquide et exigible avant l'autre. Le principe de l'insaisissabilité des salaires est de nature également à diminuer l'efficacité du recours de l'armateur contre le capitaine.

On comprend alors que, dans ces conditions, les armateurs aient pensé qu'il leur était avantageux de donner au capitaine un intérêt direct au bon accomplissement de son mandat.

Aussi l'usage s'est-il introduit d'accorder au capitaine une commission sur les frets effectués, afin de l'intéresser à choisir les frets les plus favorables lorsqu'il est libre en pays étranger.

Cette rémunération spéciale porte le nom de « chapeau ».

Ce n'est qu'un complément de salaire, et en vertu du principe : *accessorium sequitur principale*, le chapeau est soumis aux règles qui régissent les loyers des gens de mer.

Cette stipulation d'un chapeau en faveur du capitaine ne diminue en rien les droits de l'armateur en ce qui concerne le contrat d'affrètement. A l'étranger, le capitaine remplace ordinairement l'armateur dans la conclusion du contrat d'affrètement. Mais l'armateur reste libre d'agir par lui-même et de diriger, comme il l'entend, son opération. Le capitaine ne saurait se plaindre, par exemple, de ce qu'au lieu de fréter le navire, l'armateur l'ait chargé de marchandises pour le compte de l'armement. En ce cas, le chapeau du capitaine doit être calculé, non sur le fret que le navire aurait pu gagner, mais sur le bénéfice né de l'opération, c'est-à-dire sur la différence entre le prix d'achat et le prix de vente des marchandises chargées pour le compte de l'armement (1).

Ce chapeau n'est donc qu'un accessoire du salaire, et le taux en est fixé par la convention des parties. A défaut de convention, on s'en référerait à l'usage des lieux.

Il faut se garder de confondre ce complément de salaire dû par l'armateur au capitaine avec une sorte de fret supplémentaire que l'affréteur doit payer à l'armateur et qui est porté sur la charte-partie ou sur le connaissement. Ce fret supplémentaire, qui est un tant pour cent en sus du fret (2), porte également le nom de chapeau. Il était autre-

(1) Hàvre, 16 août 1893, *Revue internationale de droit maritime*, 1893-94 p. 506.

(2) Les capitaines des grands paquebots faisant des traversées régulières ne touchent guère que 1 % du fret brut. Le taux s'élève à 4 % pour ceux qui commandent des voiliers d'environ 500 tonneaux ; il est rare que le chapeau atteigne 10 % du fret.

fois dû par l'affréteur au capitaine : « Outre le prix du fret,
» dit Valin, il est assez d'usage que le maître stipule une cer-
» taine somme, assez modique, toutefois, ce qu'on appelle
» le vin, le chapeau ou les chausses du maître ; mais sans
» une stipulation expresse, il ne lui serait rien dû à ce
» sujet. En vertu de la stipulation, ce bénéfice lui est acquis
» par préciput, sans en faire part aux propriétaires du navire
» ni aux gens de l'équipage. Si ce chapeau lui a été promis
» sous condition que l'on serait content, on ne peut le lui
» refuser qu'en prouvant qu'on a raison de n'être pas satis-
» fait de sa conduite (1). »

Le chapeau du capitaine est, de la part de la loi, l'objet
des mêmes mesures de protection que les salaires proprement dits. Ainsi le privilége du capitaine pour le recouvrement de ses loyers s'étend à la créance du chapeau. La
doctrine et la jurisprudence paraissent unanimes sur ce
point. Les auteurs et les tribunaux (2) qui ont adopté
l'opinion contraire ont en vue, croyons-nous, le chapeau dû
par l'affréteur au capitaine ou à l'armateur, et non le chapeau dû par l'armateur, dont nous nous occupons en ce
moment.

Il est évident que si le chapeau n'est pas porté au rôle, le
privilége ne pourra pas être exercé sur le navire, puisque
l'article 191, § 4, met comme condition à l'exercice de ce
privilége, la justification des gages et loyers de l'équipage
par les rôles d'armement et de désarmement arrêtés dans

(1) Valin, commentaire sur l'art. 3, tit. I, livre III de l'ordon.
de 1681.
(2) Ainsi Dufour déclare que les sommes dues à titre de chapeau ne
sont pas privilégiées, parce que, dit-il, elles ne sont pas dues par le
propriétaire (I. n° 106). — V. aussi Aix, 23 novembre 1833, M. 1834,
I, 257.

les bureaux de l'Inscription maritime. Mais les loyers des gens de mer étant privilégiés sur le fret, sans condition de preuve particulière, point n'est besoin pour le capitaine de faire preuve de son droit de chapeau par l'inscription au rôle pour s'en faire payer par privilége sur le fret.

La jurisprudence se montre plus exigeante. Elle l'est trop, à notre avis, quand elle refuse au capitaine le privilége sur le fret, pour le recouvrement du chapeau non inscrit au rôle (1).

Par contre, elle ne se montre peut-être pas assez sévère sur le mode de preuve dont le capitaine pourra se servir. Elle l'autorise à prouver (2) par témoins, contre son armateur, que ce chapeau, quoique non inscrit, lui a été promis. Nous ne pensons pas que la preuve testimoniale soit admissible en matière de loyers, surtout lorsqu'il s'agit de prouver outre ou contre le contenu au rôle.

Comme les loyers proprement dits, le chapeau jouit du bénéfice de l'insaisissabilité (3). Ce bénéfice est accordé par la loi à la solde des marins, sans condition d'inscription, à raison de la nature même et du caractère de la créance. Le chapeau, faisant partie de la solde dont il n'est que l'accessoire, doit participer au même bénéfice.

(1) Marseille, 29 juillet 1858, M. 58, 1, 297. — Marseille, 13 juillet 1862, M. 62, 1, 205. — Marseille, 22 janvier 1865, M. 66, 1, 54. — Cour de Paris, 21 juillet 1865, M. 68, 2, 103. — Marseille, 17 juillet 1872, M. 72, 1, 219.

(2) Marseille, 21 septembre 1860, M. 60, 1, 262.

(3) Eloy et Guerrand, nos 1564 et s. — Trib. civ. du Havre, 2 août 1877, M. 78, 2, 191. — Trib. civ. du Havre, 10 mars 1887, Revue intern. de dr. mar. 1887-88, p. 44. — Ce même tribunal avait, le 31 août 1864, jugé que le chapeau n'était insaisissable qu'à la condition d'être inscrit au rôle d'équipage (H. 64, 2, 223). Les dernières solutions sont seules conformes au texte et à l'esprit de l'ordonnance de 1745.

C'était, on le voit, une rémunération des soins donnés par le capitaine au chargement. Mais depuis fort longtemps, c'est à l'armateur directement que ce chapeau est dû, comme le fret dont il n'est que l'accessoire. On a pensé, sans doute, qu'il était plus sage de ne point placer ainsi le capitaine entre son devoir et son intérêt. C'est le capitaine qui, le plus souvent à l'étranger, représente l'armateur dans la conclusion du contrat d'affrétement, et qui débat, avec les chargeurs, le prix du fret. Evidemment, son devoir est de chercher à obtenir le fret le plus élevé. Son intérêt serait de stipuler un chapeau considérable qui diminuerait d'autant le prix du fret. Aussi, ce chapeau, supplément de fret, mentionné à la charte-partie ou seulement au connaissement, est-il désormais stipulé en faveur de l'armateur. Une convention particulière entre l'armateur et le capitaine pourra bien en faire bénéficier celui-ci. Mais c'est des mains de l'armateur, en même temps et au même titre que ses loyers, que le capitaine en touchera le montant.

Le chapeau dû par l'armateur au capitaine est soumis aux mêmes règles que les loyers proprement dits.

Comme eux, il doit être porté au rôle d'équipage car il est soumis comme eux à la retenue de trois pour cent en faveur de la caisse des Invalides. Nous devons dire, cependant, que cette formalité n'est presque jamais observée, et qu'il est bien rare que le rôle d'équipage fasse mention du droit de chapeau. Cela se comprend. Si l'administration exerçait la retenue à laquelle elle a droit, non seulement sur le salaire proprement dit, mais encore sur le chapeau, il arriverait que le capitaine verserait à la caisse plus qu'il ne lui doit. Il est exposé, en effet, à ne point toucher l'intégralité de ses salaires, sa rémunération peut se trouver diminuée des sommes qu'il est obligé de payer en raison des manquants qui peuvent se produire au débarquement des marchandises et dont il doit répondre. Les loyers stipulés de l'armateur et mentionnés au rôle sont donc parfois supérieurs au profit réel que le capitaine retire du voyage. Il serait donc injuste de lui faire subir une retenue sur l'intégralité de sommes dont il ne touche qu'une partie.

Par contre, il ne faut pas non plus que la caisse souffre d'une dissimulation exagérée qui serait faite des loyers du capitaine. L'administration a indiqué un chiffre qui représente à ses yeux le taux le plus bas que puissent atteindre ces loyers (1). Et c'est sur ce chiffre qu'elle calcule la retenue à effectuer au profit des Invalides.

Par l'application du même principe, la créance du chapeau est soumise à la prescription annale de l'article 433 (2).

(1) Ce chiffre est, croyons-nous, actuellement de 150 francs par mois.
(2) Dall. J. G. Vo droit maritime, no 2262. — Sic Gand:, 2 juin 1836. Dall. loc. cit.

# CHAPITRE SECOND

DIFFÉRENTES MANIÈRES DONT SONT FIXÉS LES SALAIRES

---

## SECTION PREMIÈRE

### Généralités

L'ordonnance de 1681 signale quatre modes d'engagement des gens de mer (1). Elle indique de quelle façon doivent être constatées les conventions des maîtres avec les gens de leur équipage « soit qu'ils s'engagent au mois ou au voyage, soit au profit ou au fret. » Cette manière de grouper deux par deux ces quatre modes d'engagement indique déjà qu'on doit les répartir en deux classes distinctes, l'une comprenant les engagements au mois et les engagements au voyage, et l'autre les engagements au profit ou au fret. Les engagements de la première classe sont dits à salaires fixes, et ceux de la seconde classe, à profits éventuels. Le mode de rémunération des marins n'est pas le même, en effet, dans les uns et dans les autres.

Il est facile de comprendre en quoi consiste cette rémunération.

Ou bien le marin recevra une somme fixe pour tout le voyage, ou il sera payé à raison de tant par mois.

Voilà les engagements à salaires fixes.

(1) Liv. III, tit. IV, art. 1.

Ou bien encore, le marin recevra, pour son salaire, une part du fret ou du profit résultant de la navigation.

Il aura, en ce cas, contracté un engagement à profits éventuels.

Le Code de Commerce n'a pas reproduit cette énumération, sans doute pour bien indiquer qu'il n'entendait limiter en rien le droit des parties de varier, à leur guise, les formes de leurs conventions. Mais en fait, de nos jours, les engagements passés entre armateurs et gens de mer revêtent, le plus souvent, l'une des quatre formes indiquées dans l'ordonnance.

Ces modes d'engagement ont, d'ailleurs, toujours été les plus usités. Mais les anciennes lois maritimes nous en font connaître quelques autres.

Au lieu de traiter à forfait le salaire des marins pour tout le voyage, ou de le fixer à tant par mois, c'est-à-dire en tenant compte de la durée, on prenait quelquefois pour base de sa détermination la distance parcourue, on le fixait « par espace, à tant par lieue (1). » C'était l'engagement au mille, peu en usage, en dehors des ports de la Méditerranée, et aujourd'hui complètement tombé en désuétude (2).

Il faut en dire autant de l'engagement à discrétion dans lequel on convenait que « le patron devait donner aux » matelots le salaire qu'ils auraient mérité selon le service » qu'ils auraient fait (3). »

Au lieu de stipuler une part sur le fret du navire, les marins obtenaient souvent la faculté de charger sur le navire tant de tonneaux ou de quintaux à leur compte, ou de con-

(1) Consulat de la mer, chapitre 160.
(2) V. de Valroger, II, n° 525.
(3) Consulat de la mer, chapitre 181.

4

céder cette faculté à des chargeurs qui leur payaient un fret. C'était ce qu'on appelait « l'ordinaire portée des mariniers (1). »

Le plus souvent, ils étaient payés de leurs loyers partie en argent et partie en cette faculté de prendre quelque part du fret ou de pouvoir charger « jusques à tant de quintaux, pipes ou barils » suivant les conventions. Cette faculté de charger, ils pouvaient, nous l'avons vu, la céder à des tiers, moyennant un fret ; ils pouvaient aussi, et c'était bien plus simple pour eux, « dire au maître qu'il frète le tout, et au paiement, prendre leur ordinaire ou part de charge sur l'entier fret (2). »

L'art. 251 du Code de Commerce interdit formellement au capitaine et aux gens de l'équipage de charger dans le navire, sous aucun prétexte, aucune marchandise pour leur compte, sans la permission des propriétaires et sans en payer le fret, s'ils n'y sont autorisés par l'engagement.

La faculté, pour les matelots, de mettre dans leurs coffres une pacotille sans fret, s'appelle port permis.

Le contrat de pacotille, qui est d'un usage plus rare qu'autrefois, met en présence deux parties : le donneur ou propriétaire des marchandises qui les confie pour vendre, et le preneur à pacotille qui en prend charge. Le preneur doit, autant que possible, acheter des marchandises du pays où il a vendu celles qu'on lui avait confiées. C'est ce qu'on appelle faire des retours. En général, le produit de l'opération est partagé par moitié entre le preneur et le donneur (3).

Les engagements à profits éventuels étaient très usités

---

(1) Consulat de la mer, chap. 161 et s.
(2) V. rôles d'Oléron, XVI. — Droit maritime de Wisby, 30.
(3) Pardessus, cours de droit comm., 4ᵉ édit., tome III, nᵒ 702.

autrefois. Ils présentent l'avantage d'intéresser l'équipage au succès de l'expédition. La navigation était plus périlleuse qu'aujourd'hui et les risques à courir plus considérables. Surtout, la conduite des hommes de l'équipage, leur valeur professionnelle, leur activité avaient sur l'issue du voyage une influence qu'elles n'ont plus de nos jours. Le commerce maritime ne peut être une source de richesse que s'il est exercé par des négociants habiles et des marins expérimentés. Autrefois les marins avaient plus de part dans le succès de l'expédition que les négociants eux-mêmes. C'est le contraire aujourd'hui que le commerce maritime doit sa prospérité surtout au sens commercial de l'armateur. Le développement des relations commerciales, la possibilité d'entretenir une correspondance rapide et directe avec ses représentants à l'étranger ont grandi le rôle de l'armateur et augmenté son importance, tandis que le progrès de la navigation et l'avancement des sciences ont rendu plus facile celui des gens de mer.

Certes, il n'est pas indifférent que l'équipage soit composé d'hommes énergiques et d'une valeur technique éprouvée. On ne peut nier, cependant, que, du temps où les navires n'avaient qu'un faible tonnage et n'étaient, en somme, que d'assez frêles bâtiments, il dépendît, plus qu'aujourd'hui, du courage, de l'habileté et du dévouement des hommes de mer, que le navire arrivât rapidement à bon port.

Il faut dire aussi que les traversées étaient moins longues qu'aujourd'hui, ce qui permettait aux marins de contracter plusieurs engagements successifs dans un espace de temps peu considérable. Les bénéfices d'une campagne pouvaient compenser les pertes d'une campagne précédente.

## SECTION SECONDE

### Engagements à salaires fixes

---

§ 1ᵉʳ. — *Engagement au voyage*

L'engagement au voyage est d'origine très ancienne. Il semble avoir été la première forme du contrat d'engagement des gens de mer. A en croire M. Pardessus (1), le droit romain et les basiliques n'en mentionnent pas d'autre. Il est un des trois modes d'engagement signalés par les rôles d'Oléron (2). Valin dit bien qu'il est de « l'ancienne pratique (3). »

Rien de plus simple, en effet ; nous dirions volontiers rien de plus primitif que ce mode d'engagement.

Pothier (4) le définit : « Un véritable contrat de louage, » par lequel un matelot loue à un maître de navire ses » services pour un voyage, pour une certaine somme » unique que le maître, de son côté, s'oblige de lui payer » pour le loyer de tout le voyage. »

La durée probable du voyage entre en compte pour le calcul des salaires offerts aux marins. Mais il ne faudrait pas croire qu'une fois que l'accord a été fait sur le prix des loyers et qu'un chiffre a été fixé, peu importe que les prévisions des parties touchant la durée du voyage ne se

---

(1) Pardessus, *Us et coutumes,* tome I, p. 337.
(2) Rôles d'Oléron, 17-20.
(3) Valin, sur l'art. 1, livre III, tit. IX de l'ordonn. de 1681.
(4) Pothier, *Traité des Contrats maritimes,* part. III, nº 160.

réalisent pas. Il ne faudrait pas croire, par exemple, que si le voyage prend fin plus tôt qu'on ne pensait, ou qu'il se prolonge au delà de toute attente, le prix fixé demeure, dans tous les cas, invariable. Pour que le prix ne varie pas, il faut que le voyage qui s'accomplit soit bien celui qui était prévu par les parties, celui en vue duquel les marins ont loué leurs services. Nous verrons, au contraire, que s'il y a changement de route ou changement de voyage ; si la force majeure met le capitaine dans la nécessité d'allonger ou de raccourcir son voyage, ces diverses circonstances pourront avoir leur influence sur les loyers que toucheront les gens de mer.

Sans doute, il s'agit ici d'un engagement à salaire fixe, et cette fixité donne même au contrat un certain caractère aléatoire. Les marins savent en effet, d'avance, ce qu'ils toucheront à la fin du voyage, si toutefois celui-ci s'accomplit dans des conditions normales. Mais ils ignorent à quel moment précis le voyage prendra fin. Les vents peuvent être favorables ou ne l'être pas ; le déchargement des marchandises à destination peut s'effectuer rapidement ou lentement ; le navire peut trouver immédiatement, ou seulement après un certain temps, un fret de retour ; et ces différentes circonstances sont de nature à être, pour les marins, une cause de profit ou de préjudice, parce que les loyers resteront les mêmes, quelle qu'ait été la durée du voyage. Mais encore faut-il, nous le répétons, que le voyage se soit effectué dans des conditions qui ne donnent pas lieu d'appliquer les articles 254, 255 et suivants du Code de Commerce.

Depuis longtemps l'engagement au voyage n'est guère en usage. On semble préférer un mode de rémunération qui, n'étant pas un marché à forfait, permette de tenir compte, dans le calcul du salaire, du temps passé par les marins au service du navire. La navigation à vapeur devait cependant s'en accommoder plus facilement que les navires à voiles. Aussi cet engagement, sans être encore très en faveur, se rencontre-t-il parfois parmi les équipages des grands paquebots affectés au service d'une ligne de navigation. On connaît à l'avance, à très peu de chose près, la durée de la traversée entre Saint-Nazaire et les Antilles, le Havre et New-York, et l'on conçoit alors la possibilité, pour les marins, de contracter, sans appréhension, un engagement au voyage. « L'engagement au voyage, dit Valin (1), » c'est-à-dire moyennant telle somme à forfait pour tout le » voyage, ne se pratique plus, ou du moins il est rare. » Tous les auteurs font, depuis Valin, la même constatation.

Actuellement, à part ce que nous avons dit au sujet des navires à vapeur, on ne trouve guère d'engagements au voyage que dans les expéditions à la côte de Terre-Neuve, pour la pêche de la morue. Les hommes qui contractent ces engagements, dit Filleau (2), ne reçoivent, sauf un intérêt peu important dans la pêche, qu'une somme fixe pour le voyage. Le même auteur signale aussi, en déplorant l'insuffisance de leurs salaires, les mousses et les novices qui, sous le nom de graviers, sont engagés dans les ports de la Manche, pour être employés, soit à la côte de Terre-Neuve, soit aux îles Saint-Pierre et Miquelon, aux travaux que nécessite la préparation de la morue.

L'engagement au voyage présente cependant l'avantage d'intéresser les marins à la bonne marche du navire, puisque le profit qu'ils retireront de l'expédition sera d'autant plus grand qu'elle sera effectuée dans un plus bref délai.

(1) Loc. cit.
(2) Filleau, n° 87, page 300,

## § 2. — *Engagement au mois*

L'engagement au mois est le plus usité des engagements à salaire fixe. C'est même, au dire de Valin (1), le seul qui s'observe pour les voyages de long cours. Nous pouvons ajouter qu'il est également le plus usité pour la navigation au grand cabotage. Ainsi que le remarque Filleau (2), c'est peut-être, de tous les modes d'engagement, celui qui convient le mieux à tous les intérêts. Comparé à l'engagement au voyage, il l'emporte sur lui en ce que les matelots ainsi engagés ne sont payés qu'en raison de la durée de leurs services. Le bénéfice à retirer par les marins de cet engagement ne présente donc pas ce caractère aléatoire que nous avons constaté dans l'engagement au voyage. Comparé aux engagements à profits éventuels, il s'en distingue en ce que les salaires n'étant subordonnés à aucune chance de perte ou de gain, les marins ne sont pas exposés à perdre le fruit de leurs travaux. De ce que les salaires sont complètement indépendants des bénéfices réalisés par l'armement, il résulte aussi que les marins n'ont à exercer sur le montant et la nature de ces bénéfices aucune espèce de contrôle, ce qui ne peut être que favorable à la discipline.

Dans l'engagement au mois, les salaires sont fixés à tant par mois. Le mois sert de mesure au salaire et non à la durée de l'engagement. Ce n'est, à ce dernier point de vue, ni un maximum, ni un minimum. Valin s'étonnait de ce qu'on ait pu penser que cet engagement ne durait qu'un mois, après lequel le matelot était libre et pouvait quitter le service : « Il n'est personne qui ne sache, dit-il, que cela

(1) Valin, loc. cit.
(2) Filleau, p. 288, n° 83.

veut dire que le matelot doit gagner tant par mois, durant tout le voyage qu'il est obligé de servir (1). »

Par contre, il ne faudrait pas croire que, loué au mois, le marin ne puisse être congédié avant l'expiration du mois au cours duquel le voyage prendrait fin ; ni, par conséquent, que tout mois commencé lui soit dû en entier (2). Les loyers sont calculés à tant par mois, mais ils s'acquièrent jour par jour. Le texte de l'article 265 suffirait, au besoin, à dissiper tous les doutes (3).

Dans la pratique, les loyers des marins engagés au mois se décomptent par mois de trente jours, jusques et y compris le jour de débarquement, en évitant toutefois de faire double emploi, si le matelot débarquant d'un navire passe immédiatement sur un autre (4).

L'engagement au mois est, comme l'engagement au voyage, d'origine fort ancienne. Il en est fait mention dans le Consulat de la mer (5).

Nous avons vu qu'à partir de son inscription au rôle, le marin est à la disposition du capitaine. Puisque dès lors, il est soumis aux règles fort sévères de la discipline maritime, on concevrait qu'engagé au mois, il commençât sitôt son inscription à gagner ses loyers. Ce n'est pas ainsi, cependant, que les choses se passent habituellement. On ne compte les salaires des matelots engagés au mois que du

(1) Valin, loc. cit.

(2) M. Pardessus est d'avis contraire (cours de dr. comm, no 674), mais son opinion est combattue par tous les auteurs qui lui opposent le texte de l'article 265 du Code de Commerce.

(3) En cas de mort d'un matelot pendant le voyage, si le matelot est engagé au mois, ses loyers sont dus à sa succession jusqu'au jour de son décès. — Art. 265, alin. 1.

(4) Filleau, p. 216, no 58, en note.

(5) Chap. 85 : « *Si lo mariner se accordat a mesos…* »

jour où le bâtiment fait route pour sa destination (1), bien que l'inscription sur le rôle d'équipage ait eu lieu depuis plusieurs jours (2). Cela tient à ce que les matelots ne s'embarquent pas sitôt la rédaction du rôle. Ils restent à terre. Cet usage est général en France. Armateurs et gens de mer croient y trouver avantage. Il y a évidemment une certaine économie pour l'armateur à retarder de quelques jours le moment où les hommes de l'équipage sont à sa charge. Ceux-ci, d'autre part, aiment mieux ne s'embarquer qu'au dernier instant et jouir à terre des quelques jours qui leur restent, avant de quitter, peut-être pour longtemps, leur pays et leur famille. Il est facile de démontrer que cet usage présente plus d'inconvénients que d'avantages. Est bien préférable le système pratiqué dans certains pays étrangers, notamment en Italie, où toute personne de l'équipage enrôlée au mois est créancière de ses salaires du jour de son inscription au rôle, sauf le cas de convention contraire (3).

Il arrive trop souvent que les marins dissipent en folles dépenses les avances qui leur ont été consenties, qu'ils engagent leurs effets et se trouvent ainsi à la fois sans argent et sans crédit. Il peut arriver aussi que le capitaine éprouve de réelles difficultés à réunir, au moment voulu, les hommes de l'équipage.

Ne serait-il pas préférable que les armateurs fissent le sacrifice des légères économies qui résultent pour eux d'un

(1) En rade et en rivière, on ne fait, habituellement, courir les salaires que pour moitié.

(2) V. Desjardins, III, nº 617.

(3) Code Italien, art. 358. — La loi allemande du 27 décembre 1872 fait courir les loyers, à moins de convention contraire, à partir de la revue qui précède le départ.

usage de nature à compromettre le succès de l'expédition ? Et ne vaudrait-il pas mieux, pour les matelots, se rendre à bord, sitôt leur inscription, et ne pas s'exposer à contracter des dettes et peut-être même à encourir les peines dont la loi frappe les déserteurs (1) ?

C'est donc seulement du jour du départ du navire que les loyers commencent à courir.

Nous n'avons rien à dire sur la nature juridique des engagements à salaires fixes. Ce sont de simples contrats de louage de services soumis aux règles du droit commun sur les points où il n'y est pas dérogé par les prescriptions exceptionnelles du droit maritime.

(1) Les auteurs signalent un autre inconvénient du système en usage dans les ports français, celui de laisser subsister des lacunes dans la tenue des matricules, par suite de la nécessité où l'on se trouve d'attendre le retour du bâtiment pour connaître le jour où le navire a fait route et à partir duquel les matelots, ayant commencé à gagner leurs salaires, sont admis à faire compter leurs services.

## SECTION TROISIÈME

### Engagements à profits éventuels

---

### § 1. — *Engagement au fret*

L'engagement à profits éventuels revêt deux formes principales, l'engagement au fret et l'engagement au profit.

Lorsque les gens de l'équipage concluent avec l'armateur un engagement au fret, c'est que l'armateur a conclu avec un affréteur un contrat de transport. L'armateur n'a pas un intérêt direct à la réussite de l'expédition. Il ne l'a pas entreprise pour son propre compte. Tout son bénéfice, il le réalisera sur le fret qu'il a stipulé du chargeur, et c'est précisément ce fret qu'il devra, aux termes de la convention intervenue entre lui et les gens de l'équipage, partager avec eux. Mais entendons-nous bien sur cette expression « partager. » Le fret, dit l'article 271, est affecté au paiement des loyers. On interprète généralement cet article en disant que les marins ont un privilége sur la créance du fret. Ils peuvent se faire payer de leurs loyers sur le fret, de préférence à tous autres. Mais ils ne sont créanciers que de leurs salaires, non du fret.

Nous croyons qu'il en est ainsi même dans l'engagement qui nous occupe. Bien que le fret appartienne en quelque sorte pour partie aux gens de l'équipage jusqu'à concurrence de la quote-part qui leur a été attribuée par le contrat d'engagement, ils ne pourraient en réclamer directement le paiement au chargeur qu'en vertu de l'article 271. Le chargeur, en versant à l'armateur ou à son capitaine le montant intégral du fret, se libère valablement, parce que les conventions particulières intervenues entre l'armateur et les gens de l'équipage ne sauraient lui être opposées. Ainsi donc, les matelots ne sont pas, à proprement parler, quoiqu'engagés au fret, créanciers du fret. Ils sont engagés moyennant des salaires dont le taux n'est pas fixé et que le montant du fret servira à établir. Les loyers se mesureront au fret. Nous ne disons pas qu'ils *seront* une quote-part du fret, mais bien qu'ils *égaleront* la quote-part du fret qui aura été stipulée d'avance. Nous aurons à revenir sur ce point dont l'intérêt apparaîtra mieux lorsque nous étudierons la nature du contrat d'engagement au fret.

L'engagement au fret n'est usité que dans la navigation au cabotage et présente une grande variété de combinaisons qui toutes donnent, à peu de chose près, le même résultat. Quel que soit, en effet, le système adopté, les charges sont réparties entre l'armement et les hommes de l'équipage en proportion de la part de fret qui leur est attribuée.

Parfois l'armateur prend à sa charge tous les frais de navigation ; parfois, au contraire, il se borne à fournir le navire, sans même se charger de la nourriture des marins.

Entre ces deux systèmes extrèmes, dont l'un attribue à l'armateur la presque totalité du fret, tandis que l'autre ne lui en laisse que la plus faible part, on conçoit que des systèmes intermédiaires puissent trouver place.

Dans la Méditerranée, par exemple, on convient assez souvent que le fret net sera partagé par moitiés ; l'une revient au navire, l'autre à l'équipage ; cette dernière se répartit en parts. En outre, il est généralement entendu que les 5 o/o de chapeau consentis sur la charte-partie reviendront au capitaine.

L'engagement au tiers-franc (1) est également usité dans la Méditerranée pour la navigation côtière ; le produit net appartient pour deux tiers à l'équipage qui se nourrit lui-même, et un tiers reste à l'armement qui entretient et répare le navire.

Le mode d'engagement à la part du fret le mieux imaginé, dit Filleau (2), est celui qu'on appelle *navigation au tonneau*. En prenant un chiffre constant pour le tonnage du bâtiment et divisant le fret brut par ce chiffre, on accorde un certain nombre de tonneaux de fret ou fractions de tonneaux à chaque membre de l'équipage, suivant sa capacité. Les matelots sont intéressés au succès du voyage, puisque leur part croîtra en proportion de l'importance du fret. Ce système a, de plus, l'avantage d'être d'une application très facile.

Le fret, sur lequel doit être prélevée la part des marins, est cette somme d'argent que le Code appelle le prix du loyer du navire, et qui est plutôt le prix moyennant lequel l'armateur s'engage à transporter les marchandises du chargeur.

Si le fret ne comprenait que cela, il n'y aurait nulle difficulté à savoir sur quelle somme doit se calculer la part de l'armement et celle de l'équipage. Mais, par suite de certaines circonstances, l'armateur peut se trouver créancier de l'affréteur de sommes supérieures au fret stipulé dans la charte-partie ou dans le connaissement ; d'autre part, le législateur, dans le but d'encourager le commerce maritime, accorde à l'armateur des subventions connues sous le nom.

(1) Cet engagement ne doit pas être confondu avec le compromis de navigation qui intervient entre l'armateur et le capitaine et dont nous aurons à parler.

(2) V. Filleau, p. 311.

de primes (1). On s'est demandé si les surestaries et les primes à la navigation devaient être considérées comme des accessoires du fret, et s'ils devaient être compris dans le fret à répartir proportionnellement entre l'armateur et l'équipage.

Tandis que les armateurs prétendaient garder la prime au profit de l'armement, les équipages, au contraire, étaient enclins à la considérer comme une partie intégrante du fret et demandaient qu'il leur en soit tenu compte.

. Les arguments invoqués par ces derniers ne manquaient pas d'une certaine force.. L'Etat accorde deux sortes de primes, la prime à la construction et la prime à la navigation. Par la première, disait-on, c'est le grand commerce de l'armement qu'on a voulu encourager, en faisant en sorte que les navires nécessaires à cette industrie pussent revenir à des prix, sinon inférieurs, tout au moins égaux à ceux des marines étrangères. Mais par la prime à la navigation, le législateur a voulu spécialement aider à l'exploitation des navires. Il ressort des motifs de la loi elle-même que le gouvernement a entendu prendre ainsi à sa charge une partie des frais énormes qui grèvent notre marine, et, sous la forme de primes, augmenter les recettes ou frets que la concurrence des marines étrangères a fait descendre à des limites ruineuses pour notre commerce maritime. La fixation de la prime proportionnelle au parcours fait par le navire n'est-elle pas l'indice certain et indiscutable de l'intention du législateur d'augmenter le fret brut proportionnellement au fret lui-même, c'est-à-dire d'en faire, pour ainsi dire, une partie intégrante du fret ? Cette intention ne se manifeste-t-elle pas encore par la diminution de la prime suivant

(1) V. loi du 29 janvier 1881 ; loi du 30 janvier 1893.

l'âge du navire ? L'Etat n'a voulu payer sa part de fret que suivant l'âge du navire. Or le fret diminue à mesure que le navire vieillit, car les propriétaires et chargeurs de marchandises devront payer une prime d'assurance plus forte, dont ils se remboursent par le paiement à l'armateur d'un moindre fret (1).

On a répondu victorieusement, je crois (2), à cette argumentation.

Sans doute, le législateur a eu pour but de remédier aux souffrances de notre marine marchande, et de la mettre à même de lutter contre la concurrence étrangère, en favorisant par une double prime le renouvellement de son matériel et le développement de ses entreprises commerciales. Il ressort de l'esprit comme du texte de la loi qu'exclusivement préoccupée des constructeurs et armateurs qui exposent leur fortune dans leur navire ou sa navigation, elle a voulu leur venir en aide dans la proportion même du capital engagé, et diminuer ainsi pour eux, suivant l'expression de son rapporteur, les charges d'intérêts, d'amortissement et d'exploitation. Ses libéralités sont si bien réservées à l'armement, que l'équipage a été formellement exclu de toute participation à la prime de navigation.

D'ailleurs, la prime n'est nullement un accessoire obligé du fret, puisque, variant selon l'âge, le mode et le lieu de construction des navires, elle peut différer pour ceux qui font le même voyage aux mêmes conditions de fret, être identique pour d'autres naviguant avec ou sans fret, et que, loin de servir à compenser l'abaissement du fret, elle diminue souvent avec lui.

(1) Nantes, 2 août 1884, N. 85, 1, 38.
(2) Rennes, 29 juin 1885, N. 85, 1, 202. — Nantes, 23 août 1887, N. 87, 1, 371.

La même question se pose en ce qui concerne les surestaries et contre-surestaries. Y a-t-il là un supplément de fret, ou une simple indemnité due par l'affréteur en raison du retard apporté par lui dans le chargement ou le déchargement du navire ?

La question présente de l'intérêt à de nombreux points de vue, spécialement à celui qui nous occupe. Il est clair que si les surestaries ne sont qu'une indemnité tout à fait indépendante de la créance du fret, l'équipage n'y peut prétendre aucune part. La solution contraire devra être admise si l'on fait des surestaries un accessoire du fret, une sorte de fret supplémentaire, si l'on va surtout jusqu'à déclarer qu'elles font « partie intégrante du fret. »

La question semble tranchée aujourd'hui en jurisprudence par un arrêt de la Cour de Cassation du 10 novembre 1880 (1) qui fait des surestaries un accessoire du fret. La jurisprudence de la Cour suprême a été adoptée par les tribunaux (2). Mais avant cet arrêt, les tribunaux étaient loin d'être d'accord. Tandis que les uns (3) voyaient dans les surestaries un supplément du loyer du navire de la même nature que le fret, d'autres (4) refusaient de les assimiler au fret et de leur en appliquer les règles, parce qu'ils ne voyaient dans ce prétendu loyer supplémentaire qu'une simple indemnité.

(1) H. 81, 2, 120.
(2) Douai, 9 mars 1880, H. 80, 2, 122. — Cass. 9 mars 1881. H. 81, 2, 123. Rouen, 18 mai 1881. H. 81, 2, 107.
(3) Paris, 12 septembre 1876, H. 77, 2, 143.
(4) Anvers, 28 août 1873, Rec. d'Anvers, 73, 1, 366. — Marseille, 13 août 1878, M. 78, 1, 248. — Havre, 26 novembre 1878, H. 78, 1, 277. — Aix, 10 janvier 1879, M. 79, 1, 230. — Rouen, 26 mars 1879, H. 79, 2, 174. — Anvers, 21 mars 1879, A. 79, 2, 223. — Anvers, 18 février 1880, A. 80, 1, 122.

A notre avis, tel est le véritable caractère des surestaries. Valin les appelle des dommages-intérêts (1), et le Code les qualifie d'indemnités (2).

M. Desjardins (3), sur les conclusions duquel ont été rendus les arrêts de cassation des 10 novembre 1880 et 9 mars 1881, voit dans les surestaries une créance accessoire du fret. L'analyse scientifique des éléments de la surestarie et de la contre-surestarie le conduit à cette opinion : « Cette analyse, dit le savant jurisconsulte, a été » faite par le Code allemand lorsqu'il a dit (art. 573) : « Les droits de surestaries, à défaut de convention, sont » évalués par le juge... ; dans l'appréciation de ces droits, » le juge doit tenir compte des circonstances particulières, » notamment du montant des loyers et des frais d'entre- » tien de l'équipage, ainsi que du fret qui échappe au » fréteur. » Commentant ce texte, l'éminent magistrat ajoute : « Le fret échappe, en effet, au fréteur, durant cette » période, et c'est, avant tout, ce fret que les surestaries » et contre-surestaries remplacent. »

Pour nous, il nous semble, au contraire, que le Code allemand ne fait que consacrer la doctrine de ceux qui voient dans les surestaries une indemnité pour le préjudice causé par le retard, et non un fret supplémentaire. « Les » dommages-intérêts dus au créancier sont en général, dit » l'art. 1149 du Code Civil, de la perte qu'il a faite et du » gain dont il a été privé... » L'art. 573 du Code alle- mand fait évidemment l'application de principes identiques. Le juge doit tenir compte, dans l'appréciation des droits

(1) Valin, sur l'art. 4, livre III, tit. I de l'ordonn. de 1681.
(2) Code de Commerce, art. 273.)
(3) Desjardins, III, no 828, p. 624. — V. aussi : de Valroger, II, 701. — Laurin, II, 152.

de surestaries « du montant des loyers et des frais d'entre-
» tien de l'équipage. » Voilà, si nous ne nous trompons,
le *damnum emergens*, premier élément des dommages-intérêts. Le juge doit considérer aussi « le fret qui échappe au
» fréteur. » N'est-ce pas là le *lucrum cessans*, second élément des dommages-intérêts ?

Il arrive que l'engagement conclu par le capitaine diffère
profondément de l'engagement conclu par les matelots. En
effet, il intervient, parfois, entre le capitaine et l'armateur,
des conventions connues sous le nom de compromis de
navigation et qui règlent d'une manière toute spéciale les
rapports de l'un et de l'autre. Ces compromis de navigation sont assez fréquents dans la navigation au cabotage.

Tels sont les engagements au tiers-franc et les engagements aux 5/8es.

On rencontre l'engagement au tiers-franc dans les ports
de Normandie et de Provence.

La navigation aux 5/8es est d'un fréquent usage à Nantes
surtout, et dans les ports de l'Océan.

Dans la navigation au tiers-franc, le fret est divisé en
trois parts égales, dont l'une pour l'armateur et les deux
autres pour le capitaine. Le tiers alloué à l'armateur est
appelé franc, parce que le compromis de navigation met à
la charge du capitaine seul tous les frais de la navigation et
les loyers des matelots. L'armateur est uniquement chargé
des frais d'entretien du navire et du paiement de la prime
d'assurance.

La navigation aux 5/8es est semblable à la navigation au
tiers-franc, avec cette différence que la part laissée à l'armateur est égale aux 3/8es du fret. Ce compromis lui est donc
un peu plus avantageux.

Deux principes dominent la matière et suffisent à résoudre la plupart des difficultés qui peuvent naître à raison de l'exécution de ces compromis.

Le premier principe est que le compromis de navigation n'est pas opposable aux tiers ; le second principe est qu'il doit s'interpréter restrictivement et en faveur du capitaine.

Ces deux règles se justifient d'elles-mêmes.

Le compromis de navigation n'est pas opposable aux tiers puisque ceux-ci y sont demeurés étrangers. C'est l'application pure et simple du principe : *Res inter alios acta neque prodest neque nocet.* Il peut même arriver que les tiers ignorent l'existence de ces compromis ; il serait donc souverainement injuste de l'invoquer contre eux.

Les tribunaux ont eu souvent l'occasion de rappeler cet axiome de droit en faveur des marins et des fournisseurs (1). Si les marins ne sont pas payés de leurs salaires par le capitaine, ils pourront en réclamer le paiement à l'armateur sans que celui-ci puisse se retrancher derrière le compromis de navigation qui met les loyers au compte du capitaine (2). Le Code mettant à la charge de l'armement les salaires de l'équipage, celui-ci ne peut pas, malgré lui, cesser d'être le créancier de l'armateur.

Et si l'armateur a fait un paiement qui incombait au capitaine, c'est contre celui-ci qu'il pourra invoquer le compromis de navigation et exercer un recours, à la condition,

---

(1) Ainsi les matelots engagés à la part du fret par le capitaine qui voyage au tiers-franc ou aux 5/8es, n'en ont pas moins, pour les parts qui leur sont dues, action contre le navire et contre l'armateur. Havre, 28 novembre 1862. H. 67, 2, 50. — Cass. 28 novembre 1866, H. 67, 2, 61.

(2) Nantes, 20 août 1864, N. 64, 1, 210. — Nantes, 13 décembre 1882, N. 83, 1, 60.

bien entendu, de prouver qu'il a payé au capitaine sa part de fret acquis par le navire (1), car le capitaine qui navigue aux 5/8es est tenu, vis-à-vis de l'armateur, des loyers de l'équipage.

Il en est de même en ce qui concerne les fournisseurs. Les armateurs et propriétaires sont tenus vis-à-vis d'eux des obligations contractées par le capitaine (2), à moins que les fournisseurs ne sachent que le navire est armé aux 5/8es ou au tiers-franc et qu'ils n'aient accepté, en fait, le capitaine pour seul débiteur (3); ce qui peut s'induire de cette circonstance que les fournitures ont été faites au capitaine, de l'ordre de ce dernier seul, dans le lieu même du domicile de l'armateur et sans son autorisation (4).

Le principe d'interprétation restrictive, et dans un sens favorable au capitaine, n'est pas d'une application moins fréquente.

Le compromis de navigation déroge au droit commun. On devra donc appliquer le droit commun toutes les fois qu'il n'y aura pas été dérogé expressément : *exceptio est strictissimæ interpretationis*. De plus, il met à la charge du capitaine certains frais, certaines dépenses qui incombent, d'ordinaire, à l'armement. En vertu de l'article 1162 du Code Civil, le compromis doit donc s'interpréter contre l'armateur et en faveur du capitaine.

---

(1) Nantes, 13 juin 1888, N. 88, 1, 305.

(2) Nantes, 14 mars 1863, N. 63, 1, 56. — Nantes, 8 février 1865, N. 65, 1, 50. — 4 janvier 1871, N. 71, 1, 20.

(3) Nantes, 25 juillet 1860, N. 60, 1, 272. — 8 janvier 1876, N. 76, 1, 130. — 12 janvier 1878, N. 78, 1, 94. — 11 juin 1879, N. 79, 1, 55. — 11 septembre 1880. — Rennes, 30 janvier 1882. — Saint-Nazaire, 24 décembre 1891, N. 92, 1, 183. — Havre, 16 novembre 1891, Droit des 4 et 5 janvier 1892.

(4) Havre, 25 mars 1879, H. 79, 1, 169.

C'est ainsi que lorsqu'un capitaine navigue aux 5/8$^{es}$ les gratifications qu'il a reçues et qui ne sont pas prévues au compromis de navigation lui appartiennent exclusivement (1) ; que lorsque le compromis de navigation ne parle pas de l'impôt dit : « droits de quai », notamment parce qu'il a été passé avant la date qui a établi cet impôt, ces droits doivent être portés en frais communs à tout l'armement, au lieu d'être compris dans ceux qu'il est d'usage, dans la navigation aux 5/8$^{es}$, de porter au compte spécial du capitaine (2).

C'est ainsi, également, que le compromis de navigation qui met à la charge du capitaine les frais de courtage, commission, pilotage, etc., lorsqu'il a été signé en prévision d'une navigation au cabotage, n'oblige pas le capitaine à supporter les frais extraordinaires de courtage qu'entraîne un voyage au long cours ; ces frais extraordinaires doivent être mis à la charge de tous les intéressés du navire (3).

Lorsque le capitaine voyage aux 5/8$^{es}$, le contrat prend fin au moment où la navigation elle-même qui lui sert d'aliment vient à cesser. Par suite, le capitaine, qui, par son compromis de navigation, se charge de la dépense de son équipage, ne doit pas supporter les frais, tels que ceux de rapatriement, qui naissent alors que tout lien a été rompu entre le capitaine et l'équipage, par le naufrage du navire. Ces frais doivent rester au compte de l'armement (4).

Ajoutons, pour finir, que l'existence d'un contrat de navi-

(1) Nantes, 31 mai 1873, N. 73, 1, 331.
(2) Nantes, 31 mai 1873, N. 73, 1, 331.
(3) Nantes, 14 août 1867, N. 67, 1, 347.
(4) Nantes, 10 avril 1867, N. 68, 1, 28. — 11 août 1869, N. 69, 1, 407. — 26 janvier 1870, N. 70, 1, 49. — 18 avril 1874, N. 74, 1, 249. — 30 mars 1878, N. 78, 1, 114. — Rennes, 27 juin 1879. — *Contra:* Nantes, 20 août 1864, N. 64, 1, 210.

gation aux 5/8⁰ˢ, pas plus que sa situation de co-propriétaire du navire, n'enlève au capitaine les avantages attachés par la loi à sa qualité d'homme de mer (1). Vis-à-vis
de l'armement, il importe donc peu que le capitaine soit
co-propriétaire du navire et qu'il navigue aux 5/8⁰ˢ ou au
tiers-franc. Sa situation d'homme de l'équipage ne peut
être modifiée par un contrat particulier qui ne vise et ne
peut viser que ses rapports avec l'armement, à l'occasion
des dépenses laissées à sa charge, sous certaines conditions
qui le lient vis-à-vis de l'armement pour le règlement de
ses comptes, mais ne sauraient lui faire perdre le bénéfice
de la législation applicable aux gens de mer.

## § 2. — *Engagement au profit*

A côté de l'engagement au fret, il faut placer l'engagement au profit.

Ce mode d'engagement, avons-nous dit, ne peut avoir
lieu que dans les expéditions entreprises par l'armateur pour
son propre compte. Ou bien l'armateur se sert de son navire
pour importer ou exporter des marchandises qui lui appartiennent; ou bien, et plus souvent, il est entrepreneur de
pêche. Dans l'un et l'autre cas, le bénéfice de l'expédition
résultera pour l'armateur de la vente de ses marchandises
ou du produit de la pêche.

L'engagement au voyage est usité pour la pêche de la
morue à la *côte* de Terre-Neuve. Ce sont, au contraire, des
engagements à profits éventuels qui se contractent pour la
pêche de la morue dans les mers d'Islande, sur le Dogger-
bank, sur le grand banc de Terre-Neuve, sur les bancs

(1) Nantes, 2 juin 1888, N, 88, 1, 192.

adjacents et dans le golfe Saint-Laurent. Les matelots contractent des engagements de même nature pour la pêche de la baleine et du cachalot, pour la pêche du corail et pour la pêche maritime côtière (1).

Les conventions auxquelles la pêche donne lieu entre marins et armateurs sont extrêmement variées. Il n'entre pas dans le cadre de notre travail d'en donner le détail.

Pour la pêche au poisson frais, par exemple, on divise parfois en deux le produit de la pêche, moitié pour l'armateur qui entretient le bateau de ce qui est nécessaire à la navigation, et moitié pour l'équipage. La moitié afférente à l'équipage est, à son tour, divisée en autant de parts qu'il y a d'hommes embarqués. Chaque homme reçoit une part, sauf le mousse qui reçoit seulement une demi-part et le patron qui reçoit une part et demie. Ce dernier reçoit aussi une somme fixe pour la garde du bateau au port (2).

Tantôt les marins apportent avec eux leurs filets, tantôt l'armateur doit les leur fournir. On tient compte de ces circonstances dans la répartition des bénéfices.

A Boulogne, pour la pêche au hareng, l'armateur fournit le bateau tout équipé, et les marins leurs filets. A l'armateur dont l'apport est assez faible, on ne donne guère que deux parts sur le produit de la pêche ; le patron a une part et demie ; les matelots qui ont fourni leurs filets ont chacun une part ; les autres n'ont qu'une demi-part.

Dans les engagements dont nous venons de parler et dans beaucoup d'autres, la rémunération des marins se calcule sur le prix de la vente des produits de la pêche. C'est le profit retiré de la vente qui est partagé.

(1) Filleau, n⁰ 88, p. 303.
(2) Cette convention est fort en usage à la Rochelle. La somme fixe allouée au patron est ordinairement de 300 fr. par an.

Quelquefois, au contraire, les salaires sont calculés non d'après le prix obtenu par la vente du poisson, mais simplement d'après la quantité de poisson capturée. Tel l'engagement au last (1), assez en usage dans les ports de la Manche pour la pêche en Islande. On donnera, par exemple, au capitaine cinquante francs du last, aux matelots dix francs. C'est un engagement à la tâche.

Dans certains engagements, la rémunération des marins présente un caractère complexe.

L'engagement au cinquième, tel qu'il se pratique à Grandville pour la pêche sur le grand banc de Terre-Neuve, est de ce nombre. Les salaires des matelots se composent, dans cet engagement, de deux éléments distincts. Les matelots reçoivent, en effet, des avances qui ne sont pas imputables sur les loyers et n'ont pas d'influence sur les salaires de fin de campagne. En plus de cette somme fixe qui leur est allouée indépendamment de la réussite ou de l'insuccès de l'expédition, les matelots ont droit au cinquième du produit de la pêche qui leur est partagé suivant la convention.

Dans l'engagement au tiers-franc, pratiqué aussi à Grandville pour la pêche à la morue, les salaires des matelots proviennent de trois sources différentes. Chaque matelot reçoit d'abord une somme fixe de cent francs à titre de gratification, plus une part dans le tiers du prix de vente du produit de la pêche, plus, enfin, une somme de dix à quinze francs par mille morues pêchées par son doris (2). Les avances qu'ils ont reçues sont à valoir sur leur part de pêche. C'est donc une combinaison de l'engagement à la part et de l'engagement à la tâche.

(1) Le last égale douze tonnes de 138 kilog. nets de morue.
(2) Le *doris* est une embarcation légère qui sert à tendre les lignes sur le banc, et qui est montée par deux hommes.

## § 3. — *Nature de l'engagement à profits éventuels*

Les engagements à profits éventuels ont donné naissance à une controverse qui présente plus d'intérêt au point de vue juridique qu'au point de vue pratique. Il s'agit de savoir quelle est la nature de ces engagements.

L'engagement des gens de mer est un contrat de louage de services, et la rémunération qui leur est allouée porte à bon droit le nom de loyers.

Pour les engagements à salaires fixes, cela ne fait pas de difficultés.

On a prétendu, au contraire, qu'il fallait voir, dans les engagements à profits éventuels, un véritable contrat de société. « Il importe de remarquer, dit à ce propos » Dufour (1), que le privilége de l'article 191 ne concerne » que les gages et loyers des gens de mer engagés au mois » ou au voyage, et non la créance de ceux qui sont engagés » au profit ou au fret. Ces sortes d'engagements constituent » plutôt une société qu'un louage. Les matelots ont, à titre » d'associés, un droit de co-propriété sur les frets ou les » profits de l'expédition, mais l'armateur n'est pas leur » débiteur personnel ; par suite, le navire ne peut leur être » gagé. »

Valin (2) avait dit déjà, en parlant de l'engagement au fret et de l'engagement au profit : « C'est une espèce de » société que les gens de l'équipage contractent avec le » propriétaire et le maître du navire. »

---

(1) Dufour, II, nos 104 et 105. — V. aussi : Cresp et Laurin, I, 322 et s. — De Valroger, II, 525. — Danjon, nos 49 et 50. — Lyon-Caen et Renault, I, nos 356 et s.

(2) Valin, sur l'art. 1, livre III, titre IV, ordonn. 1681.

Pothier (1) avait également exprimé la même opinion, et il en tirait, lui aussi, cette conclusion que l'engagement des matelots loués au fret ou au profit, renfermant un contrat de société, c'est par l'action *pro socio* qu'ils doivent réclamer leur part convenue dans le fret ou dans le profit.

C'est en effet l'une des conséquences qui découlent naturellement de cette doctrine : si la part de fret ou de profit ne constitue pas un véritable salaire, la créance des matelots n'est privilégiée ni sur le navire, ni sur le fret. Il faut dire aussi que cette créance ne jouit pas du bénéfice de l'insaisissabilité.

Telles seraient, il est vrai, les conséquences de cette doctrine, si le législateur n'en avait décidé autrement. Quelle que soit, en effet, l'opinion que l'on adopte, il faut reconnaître que la loi a manifesté clairement son intention de soumettre au même régime et de traiter de la même façon la rémunération des matelots engagés au fret ou à la part, et celle des marins engagés au voyage ou au mois.

L'article 260 du Code de Commerce n'appelle-t-il pas « loyers » la rémunération des marins engagés au fret, et l'article 14 du décret du 7 avril 1860 ne déclare-t-il pas que les parts attribuées aux marins engagés au fret « sont con- » sidérées comme salaires ? »

Il faut aller plus loin et dire que la rémunération du marin engagé à la part de fret et de profit ne doit pas seulement être considérée comme un salaire, mais qu'elle est bien un salaire, un loyer, et non une part d'associé.

Le texte du Code n'est-il pas formel ? Outre l'article que nous venons de citer, ne suffit-il pas de rappeler l'intitulé du

(1) Pothier, louage des matelots, nos 161 et 229.

cinquième titre du livre II du Code de Commerce (1) pour reconnaître que, quel que soit le mode d'engagement, la rémunération accordée au matelot sera toujours un *loyer* ? L'article 261 qui commence par ces mots : « De quelque » manière que les matelots soient *loués*... » concerne les matelots engagés à profits éventuels aussi bien que les autres.

Nous ne parlons pas des nombreux inconvénients qui résulteraient du système que nous combattons. Les matelots engagés à la part n'auraient point de privilége pour le paiement de ce qui leur serait dû. Ils ne pourraient point invoquer l'insaisissabilité des sommes dont ils seraient créanciers de l'armement, pas plus que les articles 304 et 319.

Au passage de Pothier que nous avons rappelé plus haut, on peut opposer la définition que le même jurisconsulte donne de l'engagement au profit ou à la part: « C'est, dit-il, un » contrat par lequel un matelot s'oblige à *servir* le maître » du navire, pendant un certain temps ou pendant un cer- » tain voyage, pour une certaine part que le maître, de » son côté, s'oblige de lui donner dans les profits qu'il espère » faire (2). » M. Pardessus (3) dit également « que les gens » de mer peuvent convenir avec l'armateur que leurs *services* » et *travaux* seront payés moyennant une part soit dans le » bénéfice des négociations pour lequel le voyage a été » entrepris, soit dans les produits qui proviendront de la » location du navire. »

Nous savons que le contrat de louage de services ressem-

(1) Le titre IV du Livre III, de l'ordonnance de 1681, était également intitulé : « De l'engagement et des loyers des matelots ».

(2) Pothier, louage des matelots, nᵒ 161.

(3) Pardessus, droit. comm., 6ᵉ édit., tome II, nᵒ 638.

ble parfois à s'y méprendre au contrat de société, et qu'il n'est pas toujours facile de faire la distinction qui les sépare.

Il y a cependant un criterium infaillible.

Il n'y a pas de contrat de société sans l'*affectio societatis*, c'est-à-dire la mutuelle intention des parties de se traiter et de se considérer comme associés. La communauté d'intérêts ne suffit pas. « L'opinion générale que nous adoptons, dit » M. Guillouard (1), est que la convention qui admet l'em- » ployé à une participation aux bénéfices, n'est qu'un louage » de services. »

M. Duvergier (2) fait très bien ressortir l'élément que l'on trouve dans le contrat de société et qui fait défaut dans le louage de services : « L'associé, dit-il, qui donne son indus- » trie, comme mise sociale, s'engage à faire un travail » déterminé, mais indépendant ; il a des devoirs à remplir » envers la société, mais il n'a point d'ordres à recevoir de » ses co-associés. » « Le maître, ajoute M. Guillouard (3), » qui admet son préposé à participer aux bénéfices pour » l'intéresser davantage à la prospérité de la maison à » laquelle il est attaché, n'entend pas, pour cela, abdiquer » ses droits de chef ; il sera toujours le patron, donnant des » ordres, et le participant sera toujours un commis ou un » préposé, recevant ses ordres ou les exécutant. »

Faire l'application de ces principes à l'engagement à profit éventuel, c'est résoudre la question que nous étudions dans le sens que nous avons adopté. Sans doute, on trouve dans cet engagement certains éléments qui se retrouvent dans le

(1) Guillouard, du Contrat de Société, nº 14.
(2) Duvergier, du Contrat de Société, nº 53.
(3) Guillouard, *loc. cit.*

contrat de société. On peut dire, par exemple, qu'il y a un apport de la part de chacune des parties : l'armateur apportant le navire, et le marin son travail. Sans doute, aussi, les parties ont bien en vue de partager le bénéfice qui pourra résulter de cette mise en commun (1). Et s'il y a perte, les marins y contribueront jusqu'à concurrence de leur apport, puisqu'ils auront travaillé sans rémunération. Cependant, si les dépenses excèdent le fret ou le profit, les marins ne sauraient être tenus d'y contribuer (2). Mais cela ne suffirait pas à enlever à la convention le caractère de société, puisqu'on se trouverait simplement en présence d'une participation en commandite.

Ce qui permet de dire que l'engagement à profit éventuel n'est pas une société, mais un louage de services, c'est que l'armateur, en consentant à donner aux matelots une part du fret ou du bénéfice, n'a pas entendu, pour cela, abdiquer « ses droits de chef » et considérer les gens de l'équipage comme ses associés. Non, les parties n'ont pas contracté en vue de s'associer. Et, à défaut de cet élément essentiel qui constitue l'*animus societatis*, il ne peut y avoir de société (3).

Peu importe, d'ailleurs, que le capitaine ou les matelots soient fondés pour partie dans la propriété du navire. Il a été jugé (4) que lorsqu'un capitaine, même co-propriétaire d'un navire, a fait avec l'armateur une convention aux termes de laquelle ce dernier lui a confié le commandement du navire, avec allocation d'une part proportionnelle du

(1) Code Civil, art. 1832.
(2) Trib. de Saint-Valéry, 14 février 1843, M. 1843, 2, 53.
(3) Cass. 19 février 1872, D. 72, 1, 33. — 14 mai 1873, D. 74, 1, 105.
(4) Caen, 3 février 1873, N. 74, 2, 33.

fret, cette convention constitue un contrat de louage de
services et d'industrie.

Serait-il donc impossible aux gens de mer de passer avec
l'armateur un contrat de société véritable ? Ils le pourraient,
ce nous semble, à la condition de respecter toutes les prescriptions légales relatives à l'engagement des gens de mer
auxquelles la loi défend de déroger en les déclarant d'ordre
public.

# SECONDE PARTIE

---

## CIRCONSTANCES QUI MODIFIENT LE DROIT AUX SALAIRES

---

### CHAPITRE PREMIER

CIRCONSTANCES QUI, DE LA VOLONTÉ DES PARTIES, MODIFIENT
LE DROIT AUX SALAIRES

---

#### SECTION PREMIÈRE

##### Généralités

Nous avons vu comment se forme le contrat d'engagement et de quelle manière sont réglés les loyers des gens de mer. Nous avons étudié le rôle de l'autorité administrative qui intervient dans la formation du contrat, pour sauvegarder les droits des plus faibles et veiller à l'observation des lois qui, dans un but d'intérêt général, restreignent, en ce qui concerne l'engagement des gens de mer, le principe de la liberté des conventions.

Le contrat régulièrement formé fait la loi des parties. Armateur et gens de mer sont tenus de s'y conformer; ils ne peuvent se soustraire à leurs obligations sans se voir condamner au paiement de dommages-intérêts, et s'exposer peut-être aux rigueurs de la loi pénale. Le matelot, par exemple, qui refuse de se rendre à bord, y peut être contraint par la force armée. S'il parvient à s'échapper, il sera passible des peines dont la loi punit les déserteurs (1).

De même, le capitaine, représentant de l'armateur, est obligé d'accomplir fidèlement les obligations contractées par celui-ci. Il ne peut, à son gré, modifier le voyage (2) pour lequel le matelot a loué ses services. Et si, notamment sur ce point, les clauses du contrat ne sont pas respectées, le matelot pourra se trouver délié de son engagement et demander son débarquement.

Diverses circonstances peuvent mettre le capitaine dans la nécessité de réclamer de chaque homme de son équipage une part de travail supérieure à celle qui a été prévue au contrat.

Que, par suite de la mort, de la maladie, ou de la désertion de quelques matelots, le nombre des hommes formant l'équipage se trouve notablement restreint, il est évident que chacun de ces hommes verra augmenter sa part du labeur quotidien. Le loyer de ces hommes devra-t-il croître dans la même proportion, et pourront-ils, après s'être partagé la besogne des défaillants, en réclamer aussi les salaires (3)?

A notre avis, il faut répondre par une distinction. Notre Code, à l'encontre de certaines législations étrangères (4),

(1) Décret du 24 mars 1852, art. 55 et 56.
(2) Desjardins, III, p. 47. — Lyon-Caen et Renault, I, n° 479.
(3) Desjardins, III, p. 47.
(4) Code Finlandais, art. 77. — Loi allemande du 27 décembre 1872, art. 40.

ne contient sur ce point aucune disposition spéciale. La
question doit donc être résolue à l'aide des principes généraux. Ces principes, on les trouve formulés dans les articles
1134 et 1135 du Code Civil. Si les conventions légalement
formulées tiennent lieu de loi à ceux qui les ont faites, il
ne faut pas oublier qu'elles doivent être exécutées de bonne
foi ; et que, d'autre part, elles obligent non seulement à ce
qui y est exprimé, mais encore à toutes les suites que
l'équité, l'usage ou la loi donnent à l'obligation, d'après sa
nature.

A moins donc que le surcroît de fatigue qui en résulte
pour les matelots puisse être considéré comme excessif et
dépassant la somme de travail que l'usage et l'équité permettent de leur imposer, les matelots devront se contenter
du salaire convenu.

Dans le cas contraire, le capitaine devrait, ce nous semble,
faire droit à leur réclamation, ou consentir à leur débarquement (1).

Le droit commun, qui a paru au législateur insuffisant à
réglementer la formation du contrat d'engagement, ne suffirait pas non plus toujours à en assurer une équitable exécution.

Aux situations exceptionnelles, il faut des règles spéciales.

Quand de deux parties liées entre elles par un contrat
synallagmatique, l'une ne remplit pas son engagement,
l'autre peut demander en justice la résolution du contrat et

---

(1) Il en serait certainement ainsi au cas où, par suite de la réduction de l'équipage, la sécurité de la navigation se trouverait compro-
mise.

obtenir des dommages-intérêts qui l'indemniseront du préjudice qu'elle éprouve et du gain dont elle est privée. Il arrive même que les parties prévoient la non-exécution par l'une d'elles des obligations résultant du contrat, et que, d'un commun accord, elles fixent le taux de l'indemnité à laquelle elles auront droit.

Telles sont les règles du droit commun.

L'application de ces règles suppose deux choses : d'abord que dans les rapports juridiques des hommes entre eux, l'exécution des contrats est la règle, et la non-exécution l'exception. Elle suppose également qu'au moment de la conclusion du contrat, et au moment où, par suite du défaut d'exécution des conventions, la question d'indemnité s'agitera entre les parties, l'une d'entre elles ne se trouve pas, vis-à-vis de l'autre, dans un état d'infériorité qui restreigne sa liberté.

Certes, nous n'irons pas jusqu'à dire, qu'en droit maritime, l'exacte exécution des conventions constitue une exception. Mais il faut reconnaître que bien des événements peuvent venir mettre obstacle à l'accomplissement d'un voyage maritime dans les conditions prévues au contrat.

Dans la pensée de l'armateur, le voyage projeté n'est qu'un des multiples éléments de l'opération commerciale qu'il a en vue. Cette opération est complexe. Pour réussir, elle exige un nombreux concours de volontés et de circonstances dont l'armateur n'est pas le maître. Que ce concours ne se produise pas, que les circonstances sur lesquelles l'armateur comptait ne se réalisent pas, il peut lui devenir impossible ou ruineux d'accomplir le voyage projeté. Peut-être devra-t-il renoncer tout à fait à ce voyage ; peut-être lui faudra-t-il, tout au moins, en modifier les conditions.

En combien d'hypothèses n'en sera-t-il pas ainsi ?

Tantôt, c'est l'affréteur qui ne fournit pas les marchandises pour le transport desquelles le navire allait faire voile ; tantôt ce sont les pouvoirs publics qui, par des mesures d'interdit ou d'arrêt, empêchent l'arrivée du navire au port de destination, ou même s'opposent à son départ. L'armateur devra parfois changer son itinéraire, parfois allonger ou raccourcir le voyage. A tous ces événements qui viendront, du fait de l'armateur ou des chargeurs, porter atteinte au contrat primitif, il convient d'ajouter la faute, la désertion des matelots, leur maladie, leur captivité, leur mort. Puis le navire peut devenir innavigable, il peut être pris par des pirates, se briser, faire naufrage.

Le législateur ne pouvait laisser, sans imprévoyance, le droit commun régler les situations juridiques naissant de ces faits si variés et si nombreux.

Comment concilier dans une juste mesure les nécessités commerciales avec les droits et intérêts des parties ?

Obliger les matelots à s'adresser à la justice, c'eût été les exposer à des lenteurs et à des frais que leurs modestes ressources ne leur eussent pas permis de supporter. Entre les parties seraient souvent intervenues des transactions dans lesquelles les intérêts des plus faibles, auraient couru le risque d'être sacrifiés. Par les plus faibles, nous n'entendons pas toujours désigner les marins. Il est des circonstances, au contraire, où le capitaine, forcé de prolonger le voyage contre le gré des hommes de l'équipage, et se trouvant dans l'impossibilité de pourvoir à leur remplacement, se verrait contraint, pour les garder à bord et s'assurer leur concours, de subir leurs prétentions exagérées.

La loi a donc déterminé les effets des événements de force majeure ou autres qui, en modifiant les conditions du contrat, peuvent modifier aussi, pour les gens de mer, le droit aux salaires convenus. Elle a établi la mesure dans laquelle il convenait soit de diminuer, soit d'augmenter le chiffre des loyers.

Toutefois les dispositions légales ne s'imposent pas aux parties.

Il leur est permis d'y déroger. La dérogation résultera d'une déclaration expresse insérée au contrat d'engagement. Ce que la loi prescrit dans les différentes hypothèses que nous passerons en revue, est, à défaut de conventions spéciales, sous-entendu dans les contrats.

On se demandera peut-être à quoi serviront ces prescriptions légales puisque capitaines et gens de mer peuvent n'en pas tenir compte. Comment pourront-elles protéger les intérêts que la loi a voulu sauvegarder ? La réponse est bien simple. En fait, les parties s'en référeront presque toujours aux dispositions du Code. C'est pour eux beaucoup plus simple et beaucoup plus sûr. Il leur serait en effet bien difficile de prévoir toutes les éventualités qui se peuvent produire. Elles trouveront plus pratique d'adopter par avance les solutions de la loi.

Et puis, si elles y dérogent, ça ne sera jamais pour s'en écarter beaucoup. Armateurs et matelots, instruits de leurs droits, ne consentiront pas à en faire le sacrifice sans stipuler quelques compensations.

D'ailleurs, cette faculté, pour les parties, de déroger aux règles qui vont bientôt faire l'objet de notre étude, n'est pas absolue : certaines d'entre elles sont d'ordre public ; celles qui concernent le congédiement des gens de mer, les maladies et blessures qu'ils peuvent contracter au service du navire, et, s'ils viennent à mourir, les droits de leurs héritiers, sont de ce nombre. C'est une garantie précieuse pour les gens de mer, et l'une des plus efficaces édictées en leur faveur.

Dans quel ordre convient-il d'étudier les différentes hypothèses dans lesquelles le droit des marins aux salaires convenus peut se trouver modifié?

Le Code s'occupe d'abord de la rupture volontaire du voyage soit avant, soit après le départ du navire, et immédiatement après — sans doute, à cause d'une certaine similitude de règles — de l'interdiction et de l'arrêt.

Il étudie ensuite la prolongation et le raccourcissement volontaire du voyage, puis les événements de force majeure qui peuvent rompre, retarder ou prolonger le voyage.

Après avoir passé en revue les droits des marins en cas de prise, naufrage ou innavigabilité du navire, de perte sans nouvelles, le législateur indique comment se doivent régler les salaires lorsque le matelot tombe malade ou qu'il est blessé ou tué au service du navire, ou qu'il est fait esclave, — hypothèse qui n'est pas de nature à se rencontrer souvent de nos jours. — Il ne lui reste plus qu'à examiner la situation du matelot congédié sans cause valable.

Le Code a ainsi conservé, à peu de chose près, l'ordre suivi par l'ordonnance (1).

On pourrait classer les différentes hypothèses prévues par la loi d'une manière plus claire et plus rationnelle. Par exemple, séparer les cas de force majeure des circonstances qui, de la volonté des parties, modifient le droit au salaire; étudier ensuite l'effet de chacun de ces cas de force majeure, et de chacune de ces circonstances, sur le contrat d'engagement, en distinguant les engagements à salaires fixes des engagements à profits éventuels, et en mettant en lumière,

(1) Ordonnance de 1681, livre III, titre IV, art. 3 à 18.

quand il y aurait lieu, les règles spéciales à l'engagement du capitaine.

Tel est l'ordre que nous suivrons, en étudiant d'abord les circonstances qui, de la volonté des parties, modifient le droit au salaire, ce qui nous permettra de commencer, comme le Code, par le cas de rupture volontaire du voyage.

———

## SECTION SECONDE

### Rupture volontaire du voyage

---

#### SOUS-SECTION PREMIÈRE

#### Quand y-a-t-il rupture ?

Le voyage est rompu lorsqu'il y a abandon du voyage projeté ou cessation du voyage commencé. La rupture se distingue donc nettement de toutes les causes qui peuvent mettre fin au voyage du marin sans mettre fin au voyage proprement dit. Ni le congédiement du marin, ni le changement de navire ou de capitaine, ni même souvent le changement de destination, ne peuvent être assimilés à la rupture du voyage.

Le congédiement est une mesure individuelle qui frappe un ou plusieurs hommes en particulier, mais qui n'empêche pas l'expédition projetée d'avoir lieu.

Le changement de navire pourra peut-être, dans certains cas, rompre l'engagement des gens de mer. Mais il faudra pour cela, croyons-nous, que la substitution d'un navire à un autre soit de nature à modifier gravement les conditions dans lesquelles la navigation devait s'effectuer.

Le changement de capitaine ne rompra jamais, à lui seul, l'engagement des hommes de l'équipage. Il y en a au moins deux raisons. D'abord, il importe peu aux marins d'être commandés par un capitaine plutôt que par un autre, une pareille substitution ne changeant rien aux conditions du voyage. Ensuite, la loi donne à l'armateur le droit de con-

gédier le capitaine, commé bon lui semble. L'exercice de ce
droit ne serait-il pas entravé si les marins pouvaient se prévaloir de ce que le capitaine a été congédié, pour se considérer comme déliés de leur engagement vis-à-vis de l'armateur et demander à celui-ci une indemnité ?

La question est plus délicate en ce qui concerne le changement de destination (1).

C'est une question de fait à résoudre, en cas de contestation, par les tribunaux. Il ne nous semble pas possible d'admettre que le changement dans la destination du navire ne
soit jamais une cause de rupture de l'engagement des gens
de mer, encore moins qu'il le soit toujours.

Si les bases essentielles du contrat ne sont pas modifiées ;
si la nature de la navigation doit rester la même ; si les fatigues et les dangers de la traversée ne sont pas considérable-
ment aggravés, qu'importe aux marins que le déchargement
des marchandises s'opère dans un port plutôt que dans tel
autre ? Le voyage pourra se trouver prolongé ou raccourci.
Mais précisément, le Code a prévu ces hypothèses. Et il est
permis de croire que le législateur, en les réglementant, a eu
en vue, non seulement le cas où cette prolongation et ce
raccourcissement proviennent d'un simple changement d'itinéraire, mais même celui où ils ont pour cause un changement de voyage.

Au contraire, si le voyage auquel les armateurs se déci-
dent tardivement n'est plus du tout celui en vue duquel les
marins se sont engagés ; si à une navigation au long cours,
on substitue, par exemple, une navigation au bornage, il est
clair que les gens de mer seront en droit de considérer leur
engagement comme rompu.

(1 De Valroger, II n° 532. — Lyon-Caen et Renault, I, n° 423
et s.

Les auteurs sont divisés sur cette question.

On invoque l'intérêt du commerce (1) pour refuser de voir dans le changement de destination une cause de rupture de voyage.

Quand le changement de voyage sera assez important pour qu'on puisse considérer le voyage primitivement projeté comme rompu, les marins pourront invoquer les dispositions de l'article 252 (2).

Le voyage peut être rompu parce que le navire est devenu innavigable. La loi prévoit ce cas, et le distinguant nettement de celui où la rupture provient du fait des armateurs ou du capitaine, elle traite ceux-ci plus favorablement. Néanmoins, si l'innavigabilité leur était imputable, il ne faudrait pas hésiter à faire à cette hypothèse l'application des règles de la rupture par le fait des propriétaires. Par exemple, s'il est établi que le mauvais état du navire, qui le rend innavigable après quelques jours de route, aurait pu facilement être constaté par le capitaine (3) avant l'engagement de l'équipage, ce ne sont point les règles de l'innavigabilité, mais celles de la rupture volontaire qu'il faudra appliquer (4).

(1) Dageville, II, p. 291.

(2) Contra : Alauzet, nº 1184.

(3) Cour de vice-amirauté de Maurice, 30 septembre 1887. Revue internationale du droit maritime, 1887-88, p. 607.

(4) Les lois maritimes scandinaves donnent à l'équipage le droit de demander son congé, lorsque le navire n'est pas en état de navigabilité pour le voyage qu'il doit entreprendre, et que le capitaine refuse de prendre les mesures nécessaires pour le rendre navigable.

Dans ce cas, les articles 86 et 87 donnent au marin le droit à ses gages pour le temps qu'il a servi, et en outre, pour un mois ; et s'il quitte le service ailleurs qu'au port d'embarquement, au loyer pour le temps nécessaire pour revenir au port de congédiement ou, à défaut de stipulation à cet égard, au port d'engagement. Le marin a droit, en outre, à une indemnité pour ses frais de voyage.

L'abandon du navire par les armateurs pourra quelquefois être considéré comme constituant une rupture volontaire du voyage. Il en sera ainsi lorsque les armateurs n'ont fait l'abandon que parce qu'ils y trouvaient leur intérêt sans y être forcés par l'innavigabilité de leur navire (1).

Il faut encore voir un cas de rupture volontaire dans le fait, par des propriétaires, de faire vendre leur navire échoué, alors que celui-ci pouvait être relevé et réparé (2). Les règles de l'innavigabilité ne seraient donc pas applicables à l'espèce.

La rupture peut avoir lieu avant le départ du navire, ou après le voyage commencé. Le préjudice éprouvé par les marins étant plus considérable dans le second cas que dans le premier, et l'indemnité étant en rapport avec le préjudice, la loi prévoit les deux hypothèses et les réglemente par des règles distinctes.

Mais le législateur ne dit pas quand le voyage doit être regardé comme commencé. Il laisse donc ce soin aux tribunaux qui apprécieront en cas de difficultés (3). Nous ne saurions admettre, en effet, qu'à défaut de texte venant décider de la question, les juges soient tenus d'adopter certaines règles fixes qui, ne puisant dans la loi aucune force obligatoire, ne sauraient avoir à leurs yeux qu'une valeur toute relative.

Les auteurs, il faut le dire, ne sont pas d'accord sur les règles qu'il conviendrait d'adopter.

---

(1) Rouen, 2 août 1873, S. 73, 2, 211. — Conf. : Anvers, Trib. Civ., 28 mars 1879. Jurispr. du port d'Anvers, 1879, 1, 201. Dalloz, J. G. S. V° droit maritime, n° 788.

(2) Nantes, 11 août 1869, N. 69, 1, 407.

(3) Danjon, n° 91 bis ; — Laurin sur Cresp, I, p. 343 ; — Desjardins, III, n° 695.

Valin (1) voulait que le navire fût en route au moins depuis vingt-quatre heures. Cette solution ne saurait s'imposer aux tribunaux. Elle a été adoptée par un grand nombre de jurisconsultes (2). Nous préférerions l'opinion qui déclare le navire parti lorsqu'il a définitivement pris la mer en franchissant les passes (3). Les tribunaux seront amenés sans doute, par une saine appréciation des faits, à adopter souvent cette opinion, qui regarde le navire comme parti moins de vingt-quatre heures après qu'il a levé l'ancre.

Le Tribunal de Commerce de Marseille (4) est allé dans la voie contraire un peu trop loin à notre avis. Un navire atteint d'une voie d'eau après deux jours de navigation rentre au port. Le voyage est rompu. A la question de savoir si la rupture a eu lieu avant ou après le départ du navire, le tribunal répond sans hésiter que les marins se trouvant, en réalité, dans la même situation que si le voyage avait été rompu avant le départ, puisque le navire est ramené dans le lieu d'armement, la rupture doit être considérée comme étant arrivée non après, mais avant le départ du navire.

Cette solution est évidemment contraire au texte de l'article 252.

Sur quoi s'est appuyé le tribunal pour donner ainsi une sorte d'effet rétroactif à la rentrée du navire au port de départ, et le considérer, parce que rentré, comme n'étant pas parti ?

(1) Commentaire sur l'art. 3, livre III, tit. IV, de l'ordonn. de 1681.

(2) Boulay-Paty, t. II, p. 198 ; — Dall. J. G. V° droit maritime, n° 696. — Alauzet, t. V, n° 1796. — Dutruc, V° Gens de l'équipage, n° 73. — Bédarride, t. II, n° 563.

(3) De Valroger, II, n° 538.

(4) Marseille, 19 août 1872, M. 1872, 1, 234.

Aussi bien, le tribunal n'a-t-il pas voulu tirer rigoureusement les conséquences du principe qu'il posait. L'engagement ayant duré un peu plus de temps que si le voyage avait été rompu avant le départ, il déclara qu'il y avait lieu d'ajouter aux avances reçues, que l'article 252 alloue pour indemnité dans le cas du rupture avant le départ, la nourriture et les salaires du jour du départ au jour du débarquement.

---

### SOUS-SECTION DEUXIÈME

#### Effets de la rupture

Quels sont les droits des marins quand le voyage est rompu par le fait des propriétaires, capitaines ou affréteurs ?

La solution varie suivant que le marin est engagé à salaires fixes ou à profits éventuels, et que la rupture du voyage arrive avant ou après le départ du navire.

### § 1. — *Les marins sont engagés à salaires fixes*

#### A. — RUPTURE AVANT LE DÉPART DU NAVIRE

Si le voyage est rompu avant que d'être commencé, il n'y a pas lieu de distinguer le marin engagé au mois du marin engagé au voyage.

L'un et l'autre seront payés tout d'abord des journées employées à l'équipement du navire. Les sommes qu'ils recevront à ce titre ne sont que la rémunération d'un travail accompli et ne les indemnisent pas du préjudice que leur fait éprouver la rupture du voyage.

En réparation de ce préjudice, les marins garderont les avances reçues.

Certaines législations permettent au marin, au moment de l'engagement, d'exiger le paiement d'une partie de ses salaires (1). Il n'existe pas de dispositions semblables dans notre Code. Mais, en fait, il y a presque toujours des avan ces qui sont, en général, de trois mois pour les voyages au long cours (2).

Le Code prévoit lui-même le cas où les marins n'auraient touché aucune avance : ils recevront alors un mois de gages.

Le chiffre de l'indemnité sera facile à établir si le marin est engagé au mois. S'il est engagé au voyage, il y aura un calcul à faire, basé sur la durée présumée du voyage. Si le voyage ne devait pas dépasser un mois, le marin recevrait, par là même, la totalité de son salaire (3).

L'ordonnance traitait déjà de la même façon, pour le cas de rupture volontaire du voyage avant le départ du navire, le marin loué au mois et le marin engagé au voyage. L'un et l'autre, en plus des journées employées à l'équipage du navire, avaient droit au quart des loyers stipulés.

C'était moins que n'accordait le Consulat de la mer (4). Celui-ci allouait au marin la moitié de ses salaires. Moins généreuse que la législation qui l'avait précédée, l'ordonnance de 1681 l'est-elle plus que la législation qui l'a suivie ?

Il me semble que l'indemnité réglée par l'article 252 sera tantôt supérieure, tantôt inférieure à ce qu'eût été l'indemnité réglée par l'ordonnance.

(1) V. Code Finlandais, art. 59.
(2) De Valroger, II, n° 534.
(3) Le projet de 1867 (art. 257, § 2), le disait explicitement
(4) « Si le marchand se désiste après avoir commencé à charger, il » doit payer sans discussion la moitié du fret convenu, et le patron » doit payer aux matelots la moitié du salaire, si le navire a touché » assez de fret pour produire la moitié de celui auquel aurait monté le » fret de la cargaison complète (chap. 38). »

Si le voyage doit durer moins de quatre mois, les matelots seront mieux traités par le Code qu'ils ne l'eussent été par l'ordonnance, puisque, recevant au moins un mois de loyers, ils toucheront, par là même, plus du quart de la totalité des salaires stipulés. Si le voyage dure à peu près un an, leur condition sera, sous l'empire du Code, à peu près ce qu'elle eût été sous l'empire de l'ordonnance. Celle-ci leur aurait garanti environ trois mois de loyers ; le Code leur permettra de garder les avances qui, pour les voyages au long cours, sont généralement de trois mois. Leur condition serait moins bonne si le voyage devait avoir une plus longue durée, car les avances ne dépassant guère trois mois, les matelots n'auraient pas touché le quart de leurs loyers.

Dans ces deux dernières hypothèses, si les marins n'ont pas reçu d'avances, ils seront traités moins favorablement par le Code qu'ils ne l'eussent été par l'ordonnance : au lieu du quart de leurs salaires, ils ne recevront seulement que le salaire d'un mois (1).

### B. — RUPTURE APRÈS LE VOYAGE COMMENCÉ

Lorsque le voyage n'est rompu qu'après le départ du navire, le marin loué au voyage est mieux traité que le marin loué au mois. Le premier est payé de ses gages en entier ; le second n'est payé de ses loyers que pour le temps qu'il a servi, et reçoit, à titre d'indemnité, la moitié de ses gages pour le reste de la durée présumée du voyage pour lequel il était engagé.

On s'explique bien cette différence.

(1) Cette éventualité ne se présentera, pour ainsi dire, jamais ; car les avances sont d'un usage à peu près général, surtout dans les voyages au long cours.

Dans l'engagement au voyage, il y a un forfait qui ne permet pas de réduire les salaires promis au matelot. Nous verrons que celui-ci ne peut pas demander l'augmentation de ses loyers, lorsque le voyage se trouve prolongé par arrêt ou interdiction (1). C'est l'application du même principe.

Au contraire, dans l'engagement au mois, il y a toujours proportion entre la durée du voyage et le montant des salaires.

Nous avons vu que, quand la rupture a lieu avant le commencement du voyage, le matelot loué au mois est payé des journées employées à l'équipement du navire.

Quand la rupture aura lieu après le départ du navire, le matelot loué au mois recevra de même les loyers stipulés pour le temps qu'il aura servi. Quant à l'indemnité, elle ne consiste plus ici dans les avances reçues, ou, à défaut d'avances, dans un mois de gages. Ce serait insuffisant, car le préjudice éprouvé par le marin est plus considérable dans le cas qui nous occupe que dans la précédente hypothèse. La loi lui accorde, nous l'avons vu, la moitié de ses gages pour la durée présumée du voyage.

L'ordonnance ne parlait pas de cette indemnité. Pour les marins engagés au voyage la solution de l'ordonnance était ce qu'est aujourd'hui celle du Code; mais elle n'allouait aux marins engagés au mois que les loyers correspondant au temps qu'ils avaient servi, augmentés de celui qui leur était nécessaire à s'en retourner au lieu de départ du vaisseau.

Valin avait remarqué que la situation des marins engagés au mois pouvait être, en cas de rupture du voyage après le départ du navire, pire que si la rupture avait eu lieu avant ce départ. Il en était ainsi lorsque la rupture arrivait avant que le navire n'eût effectué le quart du voyage.

(1) Code de Commerce, art. 254.

Ce résultat lui semblait inadmissible. Pour lui, l'ordonnance, ayant traité de la même façon le marin engagé au voyage et le marin engagé au mois au cas de rupture avant le départ du navire, avait dû faire à l'un et à l'autre un sort semblable, au cas de rupture après le voyage commencé. Le texte de l'ordonnance devait donc s'entendre en ce sens que, dans cette dernière hypothèse, le matelot loué au mois avait droit, comme le marin loué au voyage, à la totalité de ses salaires pour la durée présumée du voyage. On ne devait, pensait-il, faire attention au temps que le matelot aurait servi et à celui qui serait nécessaire pour retourner au lieu du départ du vaisseau, que dans le cas où les deux temps réunis excéderaient la durée ordinaire du voyage.

Le législateur de 1807 a tenu compte de la remarque de Valin, puisque le marin loué au mois recevra toujours, en cas de rupture après le voyage commencé, en plus des loyers stipulés pour le temps qu'il aura servi, une indemnité raisonnable. Mais il s'est refusé, avec raison, à assimiler complètement, comme le demandait l'illustre commentateur de l'ordonnance, le marin loué au mois au marin loué au voyage. Valin allait trop loin en demandant cette assimilation. Nous l'avons déjà dit : dans l'engagement au voyage, les matelots ont traité à forfait pour tout le voyage et pour un prix unique ; il est juste que ce prix leur soit payé sans s'occuper du temps qu'a duré le voyage.

Toute autre est la situation des matelots loués au mois. Non pas qu'il soit exact de dire que le matelot loué au mois n'a de forfait que pour un mois, car alors, on ne verrait pas pourquoi la loi lui accorde la moitié du voyage ; mais parce que le matelot, quoique loué au mois, ne pouvant abandonner le navire avant la fin du voyage, le législateur, par une juste réciprocité, n'a pas voulu non plus que l'armateur pût se dégager avec le matelot, sans lui donner une indemnité pour les loyers qu'il pouvait raisonnablement espérer et dont il se trouve privé par la rupture du voyage.

Le projet de 1867, au lieu d'accorder toujours la moitié des gages stipulés pour le reste de la durée présumée du voyage, préférait distinguer les différentes hypothèses qui pouvaient se présenter, n'accorder qu'un mois de gages si la rupture avait lieu dans un port de France ou dans un port de la Méditerranée ou des mers Noire ou d'Azof; de quatre mois, si la rupture avait lieu dans tout autre port hors d'Europe.

Ce texte, par sa précision même, était de nature à empêcher bien des contestations.

Ses rédacteurs avaient également en vue de diminuer, pour les armateurs, les charges parfois très lourdes qui résultent pour eux de l'article 252, quand le voyage se trouve rompu après le départ du navire et d'établir une plus juste proportion entre le préjudice éprouvé par les marins et l'indemnité qui leur est allouée. Si les principes rigoureux du droit civil étaient appliqués, l'armateur devrait, dans tous les cas, payer au marin la totalité de ses salaires, puisque la rupture du contrat est imputable non au marin, mais à l'armateur. Le législateur s'est refusé, avec raison, à soumettre au droit commun les relations juridiques des armateurs et des matelots. Et cependant, les tempéraments apportés par le Code de Commerce ne sont pas toujours suffisants.

Il faut approuver le texte du projet de 1867 qui permet de faire une plus juste appréciation des droits des parties.

7

On sait que le décret du 20 mars 1852 désigne sous le nom de *bornage* la navigation faite par une embarcation jaugeant vingt-cinq tonneaux au plus, avec faculté d'escales intermédiaires entre son port d'attache et un autre point déterminé, mais qui n'en est pas distant de plus de quinze lieues marines. D'après ce décret (1), le rôle d'équipage doit être renouvelé tous les ans.

La question s'est posée de savoir si, en cas de désarmement volontaire d'un bâtiment armé au bornage, d'un remorqueur, par exemple, les hommes de l'équipage ne sont pas fondés à prétendre que leur engagement a nécessairement la même durée que le rôle d'équipage, c'est-à-dire une année; et s'ils ne peuvent pas demander, à titre d'indemnité, la moitié de leurs salaires pour le temps qui reste à courir jusqu'à l'expiration du rôle d'équipage.

L'article 250 du Code de Commerce dit que les conditions d'engagement sont constatées par le rôle d'équipage.

Le rôle ayant une durée d'un an, ne peut-on pas dire que l'engagement des marins est fait pour un an; et qu'en conséquence, au cas de rupture volontaire du voyage après le départ du navire, les marins auront droit à la moitié des salaires à courir jusqu'à l'expiration de l'année?

C'est l'opinion de M. Filleau (2) : « Si le rôle d'équipage
» fait seul foi des conditions d'engagement des gens de
» mer, il est évident que la durée légale de cette pièce
» détermine, à défaut d'une convention spéciale ayant pour
» objet de restreindre ou proroger la durée de l'engagement,
» le temps pendant lequel les matelots sont tenus de rester
» à bord, de même que celui pendant lequel l'armateur

(1) Art. 2 et 3.
(2) Filleau, p. 174 et 175.

» est obligé de les garder... Il en résulte que, à défaut de
» convention contraire, la durée légale de l'engagement
» des gens de mer naviguant au long.cours est fixée au
» terme du voyage, et que la durée légale de l'engagement
» de ceux naviguant au cabotage ou à la petite pêche est
» fixée à l'époque du renouvellement du rôle. »

Une dépêche du ministre de la marine, du 8 juin 1853,
tranche la question en ce sens, et quelques décisions judiciaires semblent s'y être conformées (1).

M. Filleau est le premier à reconnaître que si l'armateur
ne peut, sans s'exposer aux conséquences de la rupture du
voyage, désarmer son bâtiment avant le terme fixé pour
le renouvellement du rôle, cette solution conforme à la loi
est contraire à l'équité, et il donne le conseil de recourir à
une convention particulière pour décharger l'armateur, le
cas échéant, d'une obligation à laquelle il ne pourrait légalement se soustraire.

Le Tribunal de Commerce de Nantes (2) est allé plus
loin et n'a pas hésité à déclarer l'article 252 complètement
inapplicable à la navigation au bornage. Le rôle d'équipage
est fait pour un an parce que le décret de 1852 prescrit de
le faire pour un an. Il ne s'ensuit pas que le voyage ait la
même durée, ni que les parties se soient engagées, les unes
vis-à-vis des autres, pour toute une année.

Tout dépend de l'intention des parties.

Il est, par ailleurs, impossible d'assimiler à un voyage la
dernière navigation de certains bâtiments armés au bornage,
d'un remorqueur, par exemple. L'application littérale de

---

(1) Rouen, Trib. Com., 12 novembre 1853. — Rouen, Trib. Com.,
15 octobre 1856, H. 57, 1, 61. — Cass., 4 août 1857, Devilneuve,
58, 1, 127, — Nantes, 2 janvier 1861.

(2) Nantes, 3 mars 1860, N. 60, 1, 200.

l'article 252 à un remorqueur de la Basse-Loire conduirait à une indemnité dérisoire équivalant à quelques heures de salaire.

Si le mot « voyage » de l'article 252 ne peut s'entendre ni de la durée du rôle d'équipage, ni de la dernière navigation du bâtiment armé au bornage, il faut en conclure, dit le jugement précité, que l'article 252 est étranger à la navigation au bornage et qu'il a été fait pour d'autres éventualités ; qu'il appartient donc aux tribunaux d'arbitrer les dommages-intérêts auxquels les marins ont droit (1).

A vrai dire, l'opinion de M. Filleau nous paraît plus juridique. Comment d'ailleurs concilier la décision précitée avec cette autre décision du même tribunal (2) qui, reconnaissant que le capitaine d'un navire armé au bornage a droit, en cas de faillite de l'armateur, à un privilége pour ses salaires acquis pendant le dernier voyage, déclare que, dans la navigation au bornage, le dernier voyage est réputé avoir commencé à la date du dernier rôle d'équipage, et que c'est au rôle d'équipage qu'il faut aussi recourir pour déterminer le quantum des salaires, parce que, dans la navigation au bornage, le voyage commence avec le rôle et finit avec lui ?

Ce que nous avons dit des matelots s'applique indubitablement au capitaine (3).

Celui-ci a droit aux indemnités allouées aux gens de mer par l'article 252 en cas de rupture volontaire avant ou après le départ du navire (4).

(1) Conf. Rennes, 13 janvier 1880, N. 81, 1, 49.

(2) Nantes, 29 février 1873, N. 73, 1, 221. — Rouen, 7 février 1881, N. 83, 2, 12.

(3) Art. 272 du Code de Commerce.

(4) Demangeat, II, p. 268 — Bédarride, II, n° 567. — Desjardins, III, n° 693. — De Valroger, II, n° 542. — Lyon-Caen et Renault, I, n° 1740.

Une opinion (1), abandonnée aujourd'hui, s'appuyant sur l'article 218, qui permet de congédier le capitaine sans indemnité, lui refusait également toute indemnité au cas de rupture volontaire du voyage.

C'était confondre deux choses fort différentes.

Le congédiement est une mesure individuelle qui ne constitue pas l'abandon du voyage projeté, ou la cessation du voyage commencé. Il se distingue donc nettement de la rupture qui met fin, à l'égard de tout le monde, au voyage du navire.

### § 2. — *Les marins sont engagés à profits éventuels*

Il nous reste à parler de l'effet de la rupture volontaire du voyage sur les salaires des marins engagés à profits éventuels.

Ces marins, nous l'avons vu, ne sont pas les associés du capitaine, maître ou patron. Le rapport juridique que fait naître entre eux et lui le contrat d'engagement manque de l'*affectio societatis* nécessaire à la constitution d'une société. La rémunération qui leur est allouée n'est pas, par la loi, considérée comme une part d'associé, mais comme un salaire. Ce salaire ne se mesure ni sur le temps passé au service du navire, ni sur la durée du voyage, mais sur le bénéfice réalisé au cours de l'expédition. Toute cause qui vient diminuer ce bénéfice diminue par là même le salaire des marins. Toute personne qui, par son fait, a causé cette diminution en est responsable et devra, aux termes du droit commun, une indemnité. Cette indemnité sera, conformément à l'article 1149 du Code Civil, égale à la perte subie par les marins et au gain dont ils ont été privés.

(1) Dalloz, J. G. Vº droit maritime, nº 700.

Voilà les principes.

Leur énonciation pourrait nous dispenser d'entrer dans de plus amples explications, car la loi, en ce qui concerne les marins engagés à profits éventuels, a suivi en tout point le droit commun. Il lui était, en effet, impossible, en raison de la grande variété des conventions qui interviennent entre les armateurs et les équipages engagés à profits éventuels, de déterminer d'avance et d'une manière précise l'indemnité à laquelle ces équipages auraient droit en cas de rupture du voyage. Il faudra toujours recourir à une estimation dont le soin est confié aux tribunaux.

Ceux-ci, pour apprécier le préjudice causé aux marins, tiendront compte de ce que le voyage a été rompu avant le départ du navire, ou seulement après. Mais la loi n'avait pas à entrer dans ces distinctions.

Si cette rupture est imputable au capitaine, les armateurs, responsables des faits du capitaine, pourront être condamnés à payer des dommages-intérêts.

Auront-ils la faculté de s'en libérer par l'abandon, conformément à l'article 216 ?

Cette faculté doit, à notre avis, leur être refusée.

Nous savons, en effet, que les armateurs ne peuvent se soustraire, par l'abandon, à l'obligation de payer les salaires que dans les cas fort rares où le capitaine seul a contracté. Dans les engagements à profits éventuels, il est bien difficile d'admettre que l'armateur n'ait pas, au moins implicitement, contracté un engagement personnel.

Comme ce n'est pas, étant donnée la nature de l'engagement, envers les seuls marins, mais aussi envers les armateurs, que le capitaine serait condamné, on ne voit pas bien comment les armateurs pourraient, par l'abandon, se dégager vis-à-vis de l'équipage de la responsabilité qui pèse sur eux en raison des faits du capitaine, sans perdre, par là même, tout droit à réclamer une indemnité à celui-ci. Les marins pourront donc, à leur choix, dans cette hypothèse, s'adresser soit au capitaine, soit aux armateurs ; et ils devront répartir entre eux l'indemnité qu'ils obtiendront, comme eût été réparti le profit ou le fret (1).

C'est aux armateurs seuls que l'équipage pourra s'adresser si ceux-ci sont seuls responsables de la rupture du voyage. Par équipage, il faut entendre, en ce cas, le capitaine lui-même, dont les intérêts ne se trouvent plus en contradiction avec ceux des marins. Les tribunaux s'inspireront encore des dispositions de l'article 1149 du Code Civil dans l'allocation des dommages-intérêts.

Enfin, « si la rupture... arrive par le fait des chargeurs, » les gens de l'équipage ont part aux indemnités qui sont » adjugées au navire... Ces indemnités sont partagées » entre les propriétaires du navire et les gens de l'équi- » page, dans la même proportion que l'aurait été le fret. »

Ainsi s'exprime l'article 257 du Code de Commerce qui réglemente ces diverses hypothèses.

Les termes mêmes de cet article montrent que c'est encore aux armateurs que les marins devront s'adresser, puisque c'est à une part de l'indemnité adjugée au navire qu'ils ont droit.

C'est aux tribunaux qu'il appartient de fixer le montant de cette indemnité.

Mais s'il intervenait un accord entre les chargeurs et les armateurs, M. Filleau (2) fait remarquer que cet accord ne pourrait être opposé aux matelots qu'autant que ceux-ci y

(1) Demangeat, IV, p. 268. — Desjardins, III, n° 692.
(2) Filleau, p. 180 et 181.

auraient formellement souscrit ; ou bien qu'il ne résulterait de cet arrangement aucune réduction sur les sommes auxquelles ils auraient droit de prétendre.

L'article 288 prévoit le cas où l'affréteur, sans avoir rien chargé, rompt le voyage, avant le départ. « Il paiera, dit » cet article, en indemnité, au capitaine, la moitié du » fret convenu pour la totalité du chargement qu'il devait » faire. »

Au premier abord, il semble bien que nous soyons là en présence d'un cas de rupture du voyage par le fait des chargeurs. S'il en est ainsi, la loi fixant elle-même à la moitié du fret l'indemnité à laquelle a droit l'armateur, il n'est pas possible aux marins d'obtenir sur cette indemnité plus que la part proportionnelle à laquelle ils auraient eu droit sur le fret, aux termes de leur engagement.

Il y aurait donc là une exception au principe que nous formulions tout à l'heure, à savoir que le législateur avait, dans tous les cas, laissé aux tribunaux le soin de statuer sur le montant de l'indemnité.

Cependant il ne nous paraît pas certain que l'article 288 prévoie le cas de rupture de voyage proprement dit. Il s'agit bien plutôt de la rupture d'une charte-partie, d'un contrat d'affrétement. Le voyage du navire pourra ne pas être rompu si l'armateur a traité avec plusieurs affréteurs et que le navire dût transporter des marchandises appartenant à différents propriétaires. Dans ce cas, la rupture d'un des contrats d'affrétement n'aurait d'autre influence sur les salaires de marins engagés à salaires fixes que celle qui pourrait résulter du raccourcissement du voyage, car le navire partira quand même. On comprend qu'il n'en saurait être de même pour les marins engagés à profits éventuels. La rupture de l'un des affrétements diminue le montant total du fret à une part duquel ils ont droit.

Que l'indemnité allouée par l'article 218 à l'armateur soit répartie entre les gens de l'équipage comme l'eût été le fret, rien n'est plus équitable ni plus conforme à l'esprit du contrat qui les lie à l'armement. Mais il est bien évident que cette indemnité n'a pas pour raison d'être la rupture du voyage, puisque nous supposons, précisément, que le voyage n'est pas rompu.

La rupture du contrat d'affrétement entraîne évidemment la rupture du voyage, au sens où nous l'entendons, si le navire était affrété tout entier à un seul chargeur.

Mais, justement, la question de savoir si l'article 288 est applicable à cette espèce est très controversée, parce que la loi semble n'avoir eu en vue, dans cet article, que le cas d'un affrétement pour une certaine quantité de marchandises (1).

(1) Bédarride, n° 737. — *Contra :* Laurin II, p. 199, de Valroger, II, n° 778.

## SECTION TROISIÈME

### Raccourcissement volontaire du voyage

§ *1. — Quand y a-t-il raccourcissement volontaire du voyage ?*

Il a semblé à certains auteurs (1) qu'il n'y avait pas lieu de distinguer entre le raccourcissement volontaire du voyage et la rupture après le voyage commencé. Assimilant complètement les deux hypothèses, ils appliquent à l'une et à l'autre des règles identiques.

Cette manière de voir ne nous paraît fondée ni en fait ni en droit.

Un voyage raccourci n'est pas un voyage rompu.

De ce que le navire reçoit une nouvelle destination plus rapprochée du port de départ que ne l'était la destination première, il ne s'ensuit pas que le voyage soit rompu, mais que simplement l'itinéraire est modifié.

L'article 252 règle l'indemnité en cas de rupture ; l'article 256 prévoit le cas de raccourcissement volontaire. Ce dernier article n'aurait aucune utilité si le raccourcissement ne se distinguait de la rupture. Qu'accorde-t-il aux gens de mer engagés au voyage, que ne leur ait déjà accordé l'article 252 ?

Mais, dira-t-on, si le raccourcissement volontaire est vraiment une hypothèse distincte de la rupture après le voyage commencé, l'article 256 est le seul qui s'en occupe, et il ne vise que les marins engagés au voyage ; où sont

---

(1) Desjardins, III, n° 706. — Filleau, p. 192. — Lyon-Caen et Renault, I, n° 457. — Dalloz J. G. V° droit maritime, n° 718 ; Sup. n° 801. — *Contra :* Bédarride II, n° 581 ; — de Valroger, II, n° 562.

donc les règles applicables aux marins engagés au mois, si l'on refuse de les voir dans l'article 252 ?

La réponse est simple : ces règles étant en tout conformes au droit commun, le législateur n'avait pas à les formuler expressément. S'il s'est expliqué sur le cas des marins engagés au voyage, c'est qu'il venait de parler de l'hypo- thèse où le voyage est prolongé par le fait des propriétaires, armateurs ou capitaine (1) ; il avait dit que les salaires de ces marins seraient augmentés proportionnellement ; il a cru utile de rappeler que, dans l'hypothèse inverse, ces mêmes salaires ne subiraient aucune diminution.

## § 2. — *Les marins sont engagés à salaires fixes*

L'intérêt de la controverse n'apparaît pas en ce qui con- cerne les marins engagés au voyage.

Quelle que soit l'opinion que l'on adopte, le raccourcis- sement volontaire du voyage restera sans influence sur le montant des salaires, puisque les articles 252 et 256 con- sacrent la même solution.

Nous n'avons pas à revenir sur les considérations qui la justifient et que nous avons suffisamment développées en parlant de l'article 252. Nous rencontrerons bientôt de nou- velles applications de ce principe en vertu duquel il ne peut dépendre de la volonté des armateurs ou propriétaires du navire de rendre pire la condition des marins dont les salaires ont été fixés à forfait pour tout le voyage (2). En réalité, l'article 252 et l'article 256 ne font que consacrer, à l'égard des marins engagés au voyage, les règles du droit commun.

(1) Code de Commerce, art. 255.
(2) V. infra, prolongation volontaire.

Il importe, au contraire, de prendre parti dans la controverse que nous venons de signaler, pour établir les droits
des gêns de mer engagés au mois, en cas de raccourcissement volontaire du voyage. Si l'on assimile le raccourcissement à la rupture, ce sont les règles édictées par l'article
252 qu'il faudra appliquer ; c'est-à-dire qu'aux loyers stipulés
pour le temps qu'ils ont servi, il faudra ajouter, à titre
d'indemnité, la moitié des salaires pour le reste de la durée
présumée du voyage.

Nous avons dit les motifs qui nous faisaient repousser
cette manière de voir. La disposition de l'article 252 en
faveur des marins engagés au mois est exceptionnelle. Le
droit commun n'accorde jamais aux marins engagés au
mois que les salaires correspondant au temps qu'ils ont
servi. Telle était la solution consacrée par l'ordonnance (1).

## § 3. — *Les marins sont engagés à profits éventuels*

Les marins qui ont stipulé pour leurs salaires une part
dans les bénéfices de l'expédition, profitent de toutes les circonstances qui augmentent ces bénéfices et subissent toutes
celles qui les diminuent.

Le raccourcissement du voyage peut n'avoir aucune
influence sur le résultat de l'expédition. Ce raccourcissement
peut même être avantageux, autrement il ne serait jamais
question de raccourcissement volontaire.

---

(1) L'art. 6, titre IV, livre III, parlant successivement du cas où le
voyage est prolongé et du du cas où la décharge se fait volontairement
en un lieu plus proche que celui désigné pour l'affrétement, dit que
les matelots loués au mois « seront en l'un et l'autre cas payés pour le
temps qu'ils auront servi. »

M. Filleau invoque cependant l'autorité de l'ordonnance en faveur
de l'opinion adverse.

S'il est avantageux, tous en bénéficieront.

S'il diminue les profits de l'expédition, tous en souffriront-ils ? Non, mais seulement ceux par la faute, ou tout au moins par le fait desquels il se produit. C'est l'application des principes posés dans les articles 1382 et suivants du Code Civil et consacrés par l'article 257 du Code de Commerce.

Par conséquent lorsque le raccourcissement arrive par le fait des chargeurs, c'est sur les dommages-intérêts alloués au navire que les gens de mer seront indemnisés.

S'il est imputable aux armateurs, les marins, y compris le capitaine, pourront obtenir de ceux-ci une indemnité.

Les armateurs seraient également responsables du fait du capitaine (1), quand bien même une convention particulière mettrait à la charge de celui-ci les loyers des gens de l'équipage.

(1) A moins que le capitaine ait été choisi par l'équipage. Boulay-Paty, II, n° 219. — Boucher, sur l'art. 257.

## SECTION QUATRIÈME

### Prolongation volontaire du voyage

<hr>

§ *1.* — *Quand le voyage peut-il être prolongé ?*

Nous ne nous occupons, en ce moment, que de la prolongation volontaire du voyage, c'est-à-dire de celle qui résulte, non d'une force majeure, mais de la libre décision des armateurs ou du capitaine.

Une question préalable doit être résolue : les gens de mer sont-ils tenus de subir cette prolongation ?

Il est à remarquer que, lorsqu'ils se sont engagés, ils ont pu tenir compte, en contractant, de la durée présumée du voyage. Peut-il dépendre de l'une des parties contractantes de modifier à son gré les conditions du contrat ? Les principes s'y opposent autant que l'intérêt même du commerce, que l'on invoque ordinairement en faveur du système opposé (1).

Il importe, en effet, que les équipages des navires du commerce se recrutent facilement, et les armateurs éprouveraient de grandes difficultés à engager des matelots, si ceux-ci n'avaient la certitude de voir les conditions de l'engagement fidèlement respectées de l'armement.

Cependant, la prolongation du voyage peut parfois présenter un caractère de nécessité presque absolue.

Reconnaître aux marins le droit d'empêcher cette prolon-

(1) Laurin, I, p. 474.

gation, n'est-ce pas leur permettre de compromettre gravement des intérêts de premier ordre ?

L'ordonnance (1) déclarait que si, après l'arrivée et
décharge du vaisseau au port de sa destination, le maître ou
patron, au lieu de faire son retour, le frète ou charge pour
aller ailleurs, le matelot pourra quitter, si bon lui semble,
s'il n'est autrement porté sur son engagement.

Le Code n'a pas reproduit cette disposition de l'ordonnance.

Est-ce à dire que le Code reconnaisse aux armateurs le
droit de prolonger le voyage à leur gré ?

Non, assurément.

D'abord, l'article 255 les oblige, dans le cas où la prolongation provient de leur fait, à indemniser les matelots
en augmentant les loyers en proportion de la prolongation.

Ensuite, cet article de l'ordonnance, bien qu'il n'ait pas
été reproduit par le Code, nous indique encore comment
doivent être conciliés les intérêts des armateurs et les droits
des marins.

Il faut procéder par une distinction (2).

Si le navire est arrivé à son port de destination, qu'il y
ait été déchargé, les marins ne sauraient être contraints
d'entreprendre, avant le retour, un voyage intermédiaire
non prévu au contrat d'engagement. L'autorité maritime
à laquelle ils devront s'adresser (3) devra ordonner leur
débarquement (4).

(1) Livre II, titre VII, art. 4.
(2) De Valroger, II, n° 557.
(3) Ordonn. du 1er août 1743. — Arrêté du 5 germinal an XII. —
Décret-loi du 19 mars 1852.
(4) Nous ne croyons pas qu'il y ait lieu de distinguer, comme faisait
le Consulat de la mer, si le navire est ou n'est pas dans un lieu où l'on
puisse avoir des matelots.

Dans le cas contraire, c'est-à-dire tant que le navire n'est pas arrivé au port de déchargement, le marin ne pourra pas être autorisé à quitter le bord (1).

Les derniers mots de l'article de l'ordonnance que nous venons de citer nous indiquent que le contrat d'engagement a pu prévoir le cas où le voyage serait prolongé. Il est clair qu'alors il n'y a qu'à se reporter aux termes mêmes du contrat pour régler la situation respective des marins et des armateurs.

Et c'est même ce qui enlève aux controverses que nous avons indiquées presque tout intérêt pratique. Une circulaire ministérielle du 9 juillet 1861 signale combien il est avantageux, pour le commerce maritime, que les armateurs s'entendent avec leurs équipages pour souscrire des conventions qui obligent les marins à suivre le navire dans tous les voyages qu'il effectue entre son départ de France et son retour. En fait, les feuilles de conditions signées par les marins et annexées au rôle d'équipage contiennent toujours l'engagement, par l'équipage, de suivre le navire dans toutes ses escales à l'étranger (2).

## § 2. — *Les marins sont engagés à salaires fixes*

Quand les marins sont engagés au voyage, et que le voyage est prolongé volontairement, l'interprétation de l'article 255 ne souffre aucune difficulté ; nous verrons qu'il n'en est pas de même au cas de prolongation par force majeure. Le prix des loyers des matelots est augmenté à proportion de la prolongation.

(1) V. Filléau, p. 162 et s.
(2) V. Cass., 13 avril 1871, D. 72, 1, 34.

Nous appelons prolongation volontaire celle qui résulte de la volonté des armateurs.

Nous savons dans quels cas les armateurs peuvent imposer cette prolongation.

Il arrive ordinairement, nous l'avons dit, que le contrat d'engagement prévoie cette augmentation et règle en conséquence les droits des gens de mer. Les commissaires de l'Inscription maritime veilleront à ce que les stipulations réciproques des parties n'aient rien de contraire aux dispositions d'ordre public qu'ils ont mission de faire respecter.

La prolongation peut encore être acceptée en cours de route par tous les matelots. Là encore, la convention fera la loi des parties, sauf le droit de contrôle réservé à l'administration.

Quelles que soient, pour les marins, les suites et les conséquences de la prolongation, ils n'auront droit qu'au supplément de loyers fixé par la convention (1).

Mais si la prolongation a été imposée à l'équipage, s'il n'existe pas d'accord entre les marins et le capitaine et que celui-ci n'ait prolongé le voyage qu'en vertu des pouvoirs que la loi lui concède, les marins pourront, dans certains cas, obtenir une indemnité en plus du supplément de loyers que leur accorde l'article 255.

En effet, ce supplément de loyers ne les indemnise que du préjudice qu'ils éprouvent du fait même de la prolongation. Ou plutôt, pour parler plus exactement, ce n'est pas une indemnité qui leur est allouée par l'article 255. Ils reçoivent simplement le prix de leurs services.

Or, cette prolongation de voyage que les marins sont

(1) Ou par la loi, si les parties s'y sont simplement référées.

8

contraints de subir peut leur être préjudiciable de plus d'une manière.

« Si le capitaine entraîne ses matelots dans des parages
» infestés par la fièvre jaune, un surcroît de salaires ne les
» dédommagera pas des maladies qui les auront peut-être
» atteints dans les sources mêmes de la vie et auxquelles
» ils n'avaient pas voulu s'exposer (1). »

Le marin pouvait avoir un intérêt de premier ordre à être de retour en France au moment sur lequel il avait primitivement compté. C'est son mariage dont il faudra reculer la célébration ; c'est un examen qu'il faudra ajourner peut-être à l'année suivante. Il semble bien que, dans ces différentes hypothèses, le marin ait droit à une indemnité. Certains auteurs (2) sont cependant d'avis qu'il ne lui en est pas dû en dehors de celle que prévoit l'article 255. Pour eux, cet article arbitrerait dans tous les cas une réparation.

« En cas que le voyage soit prolongé, les loyers des
» matelots loués au voyage seront augmentés à proportion ;
» et si la décharge se fait volontairement dans un lieu plus
» proche que celui désigné par l'affrètement, il ne leur en
» sera fait aucune diminution ; mais, s'ils sont loués au
» mois, ils seront, en l'un et l'autre cas, payés pour le
» temps qu'ils auront servi (3). »

En ce qui concerne les matelots loués au mois, ce texte consacre l'application pure et simple du droit commun.

On conçoit que le législateur de 1807 ait jugé inutile de

(1) Desjardins, III, n° 705, p. 254.
(2) V. notamment Cresp, I, p. 555.
(3) Ordonn. de 1681, liv. III, tit. IV, art. 6.

reproduire une disposition en tout conforme aux principes généraux du droit (1).

Lorsque le voyage est raccourci, certains auteurs veulent donner aux matelots l'indemnité qui leur est allouée par l'article 252 en cas de rupture.

Ici, pas de difficultés semblables, le cas de prolongation volontaire ne pouvant se confondre avec aucun autre.

En plus des loyers pour le temps qu'ils ont servi, les marins auraient droit à une indemnité si, rappelés pour une affaire urgente, la prolongation les avait empêchés de revenir à temps.

Le capitaine est, sur ce point, soumis aux mêmes règles que les marins : comme eux, en cas de prolongation volontaire du voyage, il a droit à une augmentation proportionnelle de salaires.

Nulle observation à faire si la prolongation résulte directement de la volonté de l'armateur.

Mais, il est des cas où le capitaine doit prendre lui-même une décision, sans pouvoir, au préalable, s'entendre avec l'armement.

Que la prolongation soit justifiée ou non, peu importe à l'égard des marins. Le capitaine, au contraire, ne pourra se prévaloir de la prolongation de voyage pour réclamer aux armateurs une augmentation de loyers, qu'en établissant le bien-fondé de la mesure prise par lui.

§ 3. — *Les marins sont engagés à profits éventuels*

Les explications que nous avons données sur la situation faite par le raccourcissement volontaire du voyage, aux

(1) Le projet de 1867 imite, sur ce point, le Code de Commerce.

marins naviguant au profit ou au fret, s'appliquent évidemment au cas qui nous occupe actuellement ; nous n'avons
pas à y revenir. Les chances de la navigation sont communes aux matelots et à l'armateur, puisque la rémunération des uns et des autres consiste dans le partage du bénéfice réalisé au cours de l'expédition.

Ce principe ne fait pas obstacle à l'application des articles
1382 et suivants du Code Civil. Les marins pourront donc,
le cas échéant, réclamer des dommages-intérêts aux armateurs et avoir une part de l'indemnité payée par les chargeurs.

SECTION CINQUIÈME

**Congédiement**

———

§ 1. — *Préliminaires*

La loi du 27 décembre 1890, complétant l'article 1780 du Code Civil, dispose que le louage de services fait sans détermination de durée peut toujours cesser par la volonté d'une des parties contractantes ; mais que, néanmoins, la résiliation du contrat par la volonté d'un seul des contractants peut donner lieu à des dommages-intérêts. Le Code Civil laisse aux tribunaux le soin de fixer l'indemnité à allouer, le cas échéant, et se borne à indiquer quelques-uns des éléments d'appréciation dont ils devront tenir compte pour la fixation.

Nous savons que le contrat d'engagement des gens de mer, qui est un louage de services, est régi par des dispositions toutes particulières. Nous en trouvons une nouvelle preuve en matière de congédiement.

Sans qu'il y ait lieu de distinguer si l'engagement a été fait avec ou sans détermination de durée, il faut remarquer que ce louage de services ne peut plus cesser par la volonté du marin, à partir de la clôture du rôle. Nous allons voir qu'avant la clôture du rôle, le capitaine et les hommes de l'équipage peuvent rompre le contrat qui les lie les uns aux autres, mais que le capitaine peut le faire sans être tenu de payer une indemnité aux hommes qu'il congédie.

Enfin, tandis que le Code Civil laisse aux tribunaux le soin d'arbitrer les dommages-intérêts qui peuvent être dus de part et d'autre, le Code de Commerce réglemente lui-même l'indemnité à laquelle a droit le marin congédié sans cause valable.

Le marin doit, en effet, justifier qu'il a été congédié sans cause valable. Le Code le dit expressément. C'est à cette seule condition qu'il pourra obtenir l'indemnité prévue par l'article 270.

Dans quel cas le capitaine sera-t-il autorisé à congédier les marins sans indemnité ?

L'article 270 ne s'en est pas expliqué (1). Les tribunaux ont donc sur ce point un large pouvoir d'appréciation (2). On peut citer, à titre d'exemple, le cas où le marin se montre impropre au service pour lequel il a été engagé. Seraient une cause valable de congédiement les voies de fait auxquelles le marin se serait livré envers le capitaine ou un autre supérieur. Il semble également que le marin convaincu d'avoir caché à bord des marchandises soumises à des droits de douane ne serait pas admis à réclamer une indemnité si le capitaine croyait devoir le congédier pour ce fait (3).

(1) L'article 264 dispose que si le matelot, sorti du navire sans autorisation, est blessé à terre, non seulement les frais de ses pansement et traitement sont à sa charge, mais qu'il pourra même être congédié par le capitaine.

(2) M. Filleau pense que la juridiction compétente est celle des commissaires à qui l'ordonnance du 1er août 1743 et l'arrêté du 5 germinal an XII, auraient donné le pouvoir de statuer en cette matière. — Contra : Bédarride, II, nos 626 et 627. — de Valroger, II, no 636.

(3) Ces exemples sont tirés de l'art. 89 du Code Maritime danois qui indique les cas où le capitaine est autorisé à congédier les marins. Ce même article cite encore le cas où le marin a été puni si souvent pour fautes dans le service ou pour infractions au bon ordre et à la discipline, que le pouvoir de correction accordé au capitaine serait inefficace à son égard. Si le capitaine ne peut ou ne veut congédier immédiatement un

L'article 4 du décret du 19 mars 1852 punit d'une amende le débarquement opéré par le capitaine sans l'intervention de l'autorité maritime ou consulaire. Dans les pays étrangers et les colonies françaises, les commandants des bâtiments de l'Etat, les agents consulaires, les commissaires de l'Inscription maritime veillent à ce qu'aucun homme faisant partie de l'équipage d'un navire de commerce ne soit débarqué en cours de voyage, sans une cause légitime dont l'appréciation leur appartient (1).

Mais il y a controverse sur le point de savoir si, dans le cas d'un débarquement en France, les pouvoirs de l'autorité maritime sont aussi étendus. On admet généralement que l'autorité maritime n'intervient que pour recevoir la déclaration de congédiement sans avoir à en apprécier les motifs (2). Si le marin a été débarqué sans autorisation, il lui sera ordinairement facile d'établir devant les tribunaux qu'il a été congédié sans cause valable. Si son débarquement a eu lieu régulièrement dans un port de France, les tribunaux apprécieront les motifs portés sur le rôle par l'autorité maritime et sur lesquels celle-ci n'a pas eu à statuer.

Mais le matelot sera également recevable à demander une indemnité pour congédiement sans cause valable, lorsqu'il a été débarqué à l'étranger ou aux colonies, bien que, dans ce cas, il appartienne à l'autorité maritime d'apprécier les motifs allégués par le capitaine et de refuser le débarquement s'il ne lui paraît pas justifié. C'est qu'en effet, ainsi que le

marin impropre au service, il a le droit de réduire ses gages pour l'avenir jusqu'à concurrence de moitié

(1) Ordonn. du 29 octobre 1833, art. 24 ; — décret du 7 avril 1860, art. 2 ; — décret du 22 sept. 1891, art. 2.

(2) Bédarride, II, n° 632 ; — de Valroger, II, n° 632. — *Contra :* Filleau, p. 168 et s.

remarquent M. Filleau (1) et après lui, M. Desjardins (2), les commissaires de l'Inscription maritime ont pu obtempérer, malgré leur conviction, aux instances d'un capitaine apportant des raisons insuffisantes à l'appui de la demande qu'il forme pour un congédiement. Dans bien des circonstances, ce sera le parti le plus sage. Ils se borneront donc à mentionner sur les rôles d'équipage les motifs pour lesquels le débarquement a lieu, en réservant la question d'indemnité.

Cette indemnité, c'est toujours le capitaine qui la paiera. Le Code la met à sa charge. Le capitaine n'a pas à consulter l'armateur pour congédier un homme de l'équipage, même s'il se trouve sur le lieu de sa demeure. Il est équitable qu'il supporte définitivement les suites d'un congédiement non justifié.

Cette indemnité sera soit de la totalité, soit d'une quotepart des loyers stipulés.

## § 2. — *Congédiement avant la clôture du rôle*

Nous avons dit tout à l'heure qu'avant la clôture du rôle, le capitaine peut rompre le contrat qui le lie au marin sans lui devoir d'indemnité. L'article 270 le dit en termes exprès. Cette disposition ne s'explique guère. On comprendrait que la loi distinguât entre le congédiement avant la clôture du rôle et le congédiement qui ne survient qu'après, pour appliquer au premier les règles du droit commun. C'est l'inscription au rôle qui place l'engagement des gens de mer sous le régime exceptionnel des lois maritimes. Avant la clôture du rôle, l'inscription pourrait ne pas être considérée comme

(1) Filleau, p. 226.
(2) Desjardins, III, n° 632.

définitive : les parties auraient le droit d'agir l'une vis-à-vis de l'autre comme avant l'inscription elle-même, c'est-à-dire qu'elles pourraient l'une et l'autre rompre leur engagement en payant une indemnité pour le cas et dans la mesure où cette rupture serait la source d'un préjudice.

Il y aurait une meilleure solution. Pourquoi scinder la période comprise depuis l'inscription jusqu'au départ ? Qu'on laisse sous l'empire du droit commun, jusqu'au moment de l'inscription au rôle, la convention intervenue entre les parties. Mais qu'à partir de ce moment, le marin qui justifie avoir été congédié sans justes motifs ait droit à une indemnité (1).

La loi maritime donne au capitaine des pouvoirs très étendus. C'est l'intérêt de la discipline. Mais elle entoure le marin d'une protection toute spéciale. La disposition de l'article 270, que nous étudions en ce moment, semble ne s'être inspirée que du premier de ces principes. Il y a là un défaut d'équilibre que corrigera, sans doute, le législateur de demain (2).

## § 3. — *Congédiement après la clôture du rôle*

L'article 270 prévoit deux hypothèses. Ou bien le congédiement a lieu avant le départ du navire, ou il a lieu pendant le cours du voyage.

Dans le premier cas, le matelot congédié sans cause valable a droit au tiers de ses loyers ; dans le second cas,

---

(1) Le matelot, s'il n'a droit à une indemnité, peut toujours réclamer le prix de ses journées.

(2) Le projet de 1867 (art. 268 et 272) donnait au matelot le droit de réclamer pour tout congédiement donné, sans cause valable, avant le départ, un mois de gages à titre d'indemnité.

il peut en réclamer la totalité (1). Ce n'est alors que l'application des règles du louage. Il a droit également aux frais de retour.

On reconnaît généralement qu'au tiers des loyers ou à leur totalité, suivant le cas, il n'y a pas lieu d'ajouter le prix des journées employées à l'équipement du navire, et que le matelot ne pourrait réclamer, outre les salaires et les frais de retour, des dommages-intérêts plus amples et des frais de séjour (2).

Il est certain également que si le débarquement avait été prononcé d'office (3) par l'autorité maritime, les matelots ne pourraient réclamer au capitaine aucune indemnité.

L'article 270 n'accorde au marin la totalité de ses loyers comme indemnité de congédiement que dans le cas où ce congédiement a lieu après le départ du navire et avant la fin du voyage. Le voyage prend fin avec le rôle d'équipage, c'est-à-dire au désarmement du navire.

L'engagement du matelot peut être d'une durée plus longue que le voyage du navire. Le congé qui lui serait donné dans l'intervalle séparant le désarmement du navire

(1) Il n'est pas sans intérêt de rapprocher des dispositions de l'article 270 celles de la loi anglaise aux termes de laquelle le matelot débarqué avant le commencement du voyage sans sa faute, ni son consentement — ou avant d'avoir gagné un mois de gages — a droit à un mois de gages comme indemnité (section 167 de l'act de 1854). En dehors de ces deux cas formels, le juge a un pouvoir discrétionnaire pour apprécier l'indemnité à accorder au marin ; 5 octobre 1886, cour du Shériff de Greenock. (Revue internat. de droit maritime, 1886-87, p. 575.)

(2) Havre, 28 juillet 1885. — Caumont, Dictionn. de dr. marit., Vo gens de mer, no 71. — Marseille, 27 novembre 1860, M. 60, 1, 322.

(3) V. ordonn. du 1er août 1743, art. 2.

d'un nouvel embarquement ne serait pas soumis aux prescriptions de l'article 270.

Voici, par exemple, un commissaire préposé à bord d'un navire et inscrit au rôle d'équipage. Son engagement ne peut pas être considéré comme expirant à la fin du voyage du navire et lors du débarquement de l'équipage, s'il reste, après ce débarquement, lié envers la Compagnie de navigation qui lui a conféré son grade, s'il est obligé de se tenir à sa disposition à deux tiers de solde, en attendant un nouvel embarquement, et s'il ne peut s'absenter sans un congé régulier. On estimera que, dans ce cas, en dehors de l'engagement commun à tout l'équipage, il en est un autre qui prend sa source dans le grade même de commissaire, tel que le confère la Compagnie de navigation qui emploie des commissaires à bord de ses navires. Si ce commissaire est brusquement congédié lors du débarquement de l'équipage, et sans motifs sérieux, il aura droit, évidemment, à une indemnité. Mais l'article 270 ne sera pas applicable. Il appartiendra donc aux tribunaux de fixer le montant de cette indemnité suivant les circonstances (1).

L'article 270, s'exprimant dans les termes les plus généraux, s'applique aussi bien aux matelots engagés au fret, au profit ou à la part, qu'aux matelots engagés au voyage ou au mois.

Il pourra, cependant, se présenter quelques difficultés pour le calcul de l'indemnité.

En cas de congédiement avant la clôture du rôle, pas de difficultés, puisque le marin ne peut pas réclamer d'indemnité. Nous n'avons rien à ajouter aux explications précédemment données.

(1) Rouen, 9 mai 1896, H. 96, 2, 224. — V. aussi Filleau, p. 228, et les arrêts cités par cet auteur.

Comment calculer la part de fret ou de profit dont il faudra allouer au marin congédié sans cause valable le tiers ou la totalité, suivant que le congédiement aura lieu avant le départ du navire ou au cours du voyage?

Il semble difficile, comme on l'a proposé (1), de régler cette indemnité avant la fin du voyage. Calculer sur le taux moyen des bénéfices que devait rapporter l'expédition, c'est s'exposer à commettre de regrettables erreurs dont les marins seraient, en tous les cas, les premiers à souffrir (2). Il est plus sage d'attendre la fin de l'expédition. Rien n'empêcherait, d'ailleurs, de verser par anticipation au marin une provision à valoir sur ce qui pourra lui être dû.

Dira-t-on que le capitaine peut être considéré comme débiteur de l'indemnité dès qu'il est convaincu de congédiement sans cause valable, et que le retard apporté au paiement de cette indemnité ne doit ni lui profiter, ni porter préjudice au marin?

La réponse est facile: il suffit que l'indemnité produise des intérêts du jour du congédiement (3).

(1) Filleau.

(2) En effet, si le taux moyen se trouve, en fin de compte, inférieur aux résultats réalisés dans l'expédition, le marin pourra-t-il facilement se faire payer un supplément? Et, dans le cas contraire, obligera-t-on le marin à restituer ce qu'il a pu percevoir en trop?

(3) Pour calculer l'indemnité, on divisera le profit par le nombre de parts à distribuer en comptant celle de l'homme congédié.

# APPENDICE

## Règles spéciales au capitaine

Sur l'article 10, titre IV, livre III de l'ordonnance de 1681 (1) Valin disait : « Dans cet article, le maître est » évidemment mis en opposition avec le reste de son équi- » page et, malgré cela, il doit servir de règle pour le cas où » le propriétaire congédie le maître, soit parce qu'il n'y a » aucun autre article dans l'ordonnance qui ait prévu ce cas, » soit parce qu'il est naturel que la décision soit la même » dans la circonstance où le propriétaire révoque le maître, » que dans celle où le maître congédie le matelot. »

L'article 218 du Code de Commerce ne nous permet plus de tenir un semblable langage.

Cet article permet au propriétaire, comme le faisait déjà l'ordonnance (2), de congédier le capitaine. Mais il ajoute qu'il n'y a pas lieu à indemnité « s'il n'y a convention par » écrit. »

Ce texte est formel. Le capitaine n'a donc droit ni à l'indemnité fixée par l'article 270 du Code de Commerce, ni à celle que lui accorderaient les principes généraux.

_____

(1) Voici le texte de cet article : « Si le maître congédie le matelot sans cause valable, avant le voyage commencé, il lui paiera le tiers de ses loyers, et le total si c'est pendant le voyage, avec les frais de son retour, sans les pouvoir passer en compte au propriétaire du bâtiment. »

(2) Art. 4, titre VIII, livre II : « Pourront tous propriétaires de navires congédier le maître, en le remboursant, s'il le requiert, de la part qu'il aura du vaisseau au dire de gens à ce connaissant. » V. Valin sur cet article, et sur l'art. 13, titre XIV, livre I.

Il y a là une dérogation à l'article 272 que peut expliquer le caractère tout particulier de la mission dont le capitaine est investi. C'est une mission de confiance. Le propriétaire doit pouvoir, sans délai et en toute liberté, recourir à cette mesure, peut-être utile, quelquefois nécessaire à la conservation d'intérêts considérables.

L'article 218 confère à l'armateur le droit absolu de congédier le capitaine, son mandataire, sans être obligé de donner de motifs, soit pendant le voyage, soit avant le départ, et au milieu même des préparatifs d'un nouveau voyage à entreprendre (1).

Par suite, le tort causé par le fait même du congédiement ne peut fonder une action en dommages-intérêts, de la part du capitaine contre l'armateur.

Il n'en est autrement que si une indemnité est convenue par écrit.

D'ailleurs, il n'est pas nécessaire que cette convention soit stipulée en termes sacramentels.

Par exemple, s'il existe une convention fixant le temps pendant lequel le capitaine aura la gestion et la libre direction du navire, l'armateur aura toujours le droit de congédier le capitaine avant l'expiration du temps convenu (2), mais le capitaine pourra obtenir une indemnité. Il n'est pas nécessaire que le compromis de navigation aux termes duquel l'armateur s'engageait à conserver au capitaine son commandement contienne une clause spéciale à l'indem-

(1) Rennes, 9 janvier 1860, N. 60, 1, 239. — 18 juillet 1865, N. 66, 1, 8. — Nantes, 10 avril 1875, N. 75, 1, 185. — Nantes, 6 juillet 1892. Revue intern. du droit maritime, 1892-93, p. 551.

(2) V. en sens contraire une décision du Tribunal de Commerce de Nantes, du 23 septembre 1865, N. 66, 1, 14.

nité (1). De même, la garantie donnée par l'armateur au capitaine de lui conserver son commandement, sauf le cas de malversations ou d'inconduite, équivaut à la stipulation d'une indemnité pour le cas de congé sans motifs valables (2).

L'armateur qui s'est engagé envers son co-propriétaire, capitaine de navire, à ne le congédier qu'en cas de négligence, inconduite ou malversations, ne lui doit pas de dommages-intérêts pour l'avoir exposé à un congédiement éventuel en exerçant son droit de demander la licitation (3).

On ne peut faire indirectement ce que la loi interdit de faire directement. Les parties peuvent fixer d'avance, comme bon leur semble, le chiffre des dommages-intérêts. Mais elles ne peuvent en exagérer le taux de manière à paralyser le droit de l'armateur. Les tribunaux veilleront à l'observation d'une disposition légale reconnue d'ordre public, et réduiront, s'ils le jugent nécessaire, l'indemnité convenue.

(1) Rennes, 18 juillet 1865, N. 66, 1, 8. — Nantes, 10 avril 1875, N. 75, 1, 185. — Rennes, 18 juillet 1877, N. 78, 1, 261.

(2) Nantes, 20 mars 1880, N. 80, 1, 263.

(3) Nantes, 6 mai 1893. Revue intern. de droit maritime, 1893-94, p. 540.

## SECTION SIXIÈME

### Circonstances qui, de la faute du matelot, modifient le salaire

Nous traitons ici, dans un dernier paragraphe, des circonstances qui, par la faute des matelots, modifient leur droit aux salaires.

Sous l'empire de l'ordonnance de 1681, les juges d'amirauté connaissaient de « tous crimes et délits commis sur la » mer, ses ports, havres et rivages. »

Les gens de mer employés à la marine marchande étaient donc soumis à une juridiction que sa spécialité rendait efficace.

Mais l'Assemblée constituante supprima, le 13 août 1791, cette juridiction pour faire rentrer les gens de mer dans le droit commun. L'insuffisance du droit commun pour réprimer les écarts de discipline dont les matelots pouvaient se rendre coupables parut bientôt évidente. Le décret du 24 mars 1852, qui porte le nom de « décret disciplinaire et pénal pour la marine marchande » vint mettre fin à un état de choses qui ne pouvait se prolonger sans inconvénients graves (1).

Sans nous arrêter aux dispositions de ce décret qui sont étrangères à l'objet de notre étude, nous devons dire quelques mots de certaines des pénalités qu'il édicte et qui con-

(1) V. rapport de M. Th. Ducos au prince-président, 24 mars 1852, Dall. 52, 4, 127.

sistent en une retenue exercée sur les salaires des gens de mer.

L'article 52 du décret du 24 mars 1852 énumère quelques-unes des peines applicables aux fautes de discipline de l'équipage. Le paragraphe 4 indique, parmi ces pénalités, la retenue de un à trente jours de solde, si l'équipage est engagé au mois, ou de deux à cinquante francs, s'il est engagé à la part.

Pour le cas d'un engagement au voyage — cas dont l'article ne parle pas, — il y aura lieu de décomposer en salaire au mois le salaire stipulé et de calculer la retenue comme pour l'engagement au mois.

Les officiers peuvent se voir retenir dix à quarante jours de solde, s'ils sont engagés au mois, ou de vingt francs à cent cinquante francs s'ils sont engagés à la part.

Tout marin coupable d'outrages par paroles, gestes ou menaces envers son capitaine ou un officier du bord est passible d'un emprisonnement de six jours à un an, auquel on peut joindre une amende de seize francs à cent francs. Tout officier coupable du même délit envers son supérieur est passible d'un emprisonnement de un mois à deux ans et d'une amende de cinquante à trois cents francs.

Nous nous contentons de ces exemples. Remarquons seulement que, pour le recouvrement de ces amendes, l'insaisissabilité des salaires ne saurait être opposée à l'Etat.

Il est une faute, cependant, dont le matelot peut se rendre coupable et qu'il nous est impossible de passer sous silence, parce qu'elle modifie trop gravement le droit du marin au salaire convenu et qu'il est né, à propos d'elle, d'intéressantes controverses: c'est la désertion.

Se rend coupable du délit de désertion celui qui, dans un port de France, s'absente, sans permission, pendant trois fois vingt-quatre heures, et sur rade étrangère, pendant deux fois vingt-quatre heures, de son navire ou du poste où il a été placé, ou bien laisse partir le navire sans se rendre à bord, après avoir contracté un engagement (1).

Indépendamment des peines d'emprisonnement qu'il encourt, tout déserteur perd, de droit, la solde par lui acquise sur le bâtiment auquel il appartenait au jour du délit : la moitié de cette solde retourne à l'armement, l'autre moitié est versée à la Caisse des Invalides de la marine (2).

La question qui s'est posée à propos des conséquences de la désertion est celle-ci : l'armateur pourrait-il stipuler, par une clause pénale insérée au rôle d'équipage, qu'il aurait le droit de retenir, en cas de désertion, tous les loyers du matelot, à titre d'indemnité (3) ?

La même question s'est posée à propos du simple refus de service. Mais, à notre avis, il ne faut pas confondre ces deux hypothèses ; et nous les étudierons séparément.

La mesure édictée par l'article 69 du décret de 1852 a, évidemment, un caractère pénal. N'est-ce pas, alors, une

---

(1) Décret du 24 mars 1852, art. 65 et 66.

(2) Décret du 24 mars 1852, art. 69. — De plus, si le déserteur est arrêté avant le départ du navire et réintégré à bord, ses gages seront réduits de moitié à partir du jour de la désertion, jusqu'à l'expiration de l'engagement (art. 65).

(3) V. dans le sens de l'affirmative : Demangeat, IV, p. 252. — Danjon, n° 87. — Lyon-Caen et Renault, I, n° 397. — V. aussi sur cette question : Desjardins, III, n° 647. — Rennes, 17 mai 1858. — Cass. 20 novembre 1860, S. 1861, 1, 345. — Bordeaux, 2 janvier 1862, S. 62, 2, 519. — Nantes, 27 août 1857, N. 59, 1, 45. — Havre, 22 octobre 1859, N. 59, 2, 151.

mesure d'ordre public ? L'armateur a-t-il qualité pour modifier cette peine en grossissant l'indemnité que lui alloue le
décret ?

Pour valider la clause pénale, il faut reconnaître aux
parties le droit de se soustraire à l'application du décret de
1852.

Le décret n'empêche pas le matelot déserteur d'avoir
gagné ses salaires. Mais il le prive du bénéfice des salaires
gagnés, lesquels sont répartis entre les Invalides et l'armement.

Le fait, par l'armateur, de retenir la totalité des salaires,
constitue donc une dérogation expresse et absolue au décret
de 1852, aux dispositions duquel les parties substituent leur
propre volonté.

Si les parties ont le droit de s'affranchir des dispositions
du décret de 1852; elles ont la faculté de régler à leur guise
le montant de l'indemnité due par le matelot; elles peuvent
même dire que le matelot devra une indemnité non seulement supérieure à la moitié, mais·à la totalité de ses salaires.
Qui pourrait les empêcher de faire pareille stipulation ? Et
puisque les parties font la loi, je ne vois pas pourquoi elles
n'iraient pas jusqu'à décider que le matelot aurait droit, en
cas de désertion, à tous ses salaires et ne subirait sur le
montant de ceux-ci aucune retenue.

Si les parties rejettent l'application du décret de 1852, le
matelot reste soumis au droit commun en vertu duquel il a
droit aux salaires par lui gagnés.

Si donc il en est privé, ce sera en vertu d'une convention.

Que devra être cette convention pour être valable ?

L'armateur pourra-t-il stipuler à son profit une indemnité
égale au montant des salaires gagnés au jour de la désertion
et qui se compenserait avec eux ? Non assurément. Nous

verrons que le principe de l'insaisissabilité des salaires ne le lui permet pas. Les salaires gagnés par le marin sont mis par la loi hors de l'atteinte des parties. Seul, le législateur peut y toucher.

Il nous semble que le seul moyen que pourraient employer les parties consisterait à introduire dans le contrat d'engagement une clause en vertu de laquelle le marin n'aurait droit à des salaires que s'il ne déserte pas.

Cette clause pourrait être une condition résolutoire par l'effet rétroactif de laquelle le marin, s'il déserte, serait censé n'avoir rien gagné.

Ce pourrait être une condition suspensive en vertu de laquelle la créance du marin ne prendrait naissance que s'il accomplissait le voyage sans se rendre coupable de désertion.

Dans un cas comme dans l'autre, le marin déserteur sera considéré comme n'ayant gagné aucun salaire.

Par suite, la Caisse des Invalides sera privée de la moitié du salaire stipulé conditionnellement, et même de la retenue déterminée par l'ordonnance du 9 octobre 1837 et la loi du 22 avril 1881, retenue que l'armateur avait pourtant pris l'engagement de verser directement entre les mains du trésorier des Invalides.

Quelques auteurs (1), qui reconnaissent à l'armateur et aux marins le droit de déroger au décret de 1852, n'acceptent pas cette dernière conséquence de leur doctrine.

Cependant, comment pourrait-on exercer une retenue sur des salaires qui n'existent pas ?

Pourquoi, d'ailleurs, se ferait-on scrupule de priver la Caisse du bénéfice que cette retenue lui procure, alors qu'on

(1) V. notamment : Desjardins, III, nᵒ 647, *in fine.*

lui' enlève le bénéfice bien autrement important qui résulte pour elle de l'article 69 du décret de 1852 ?

En résumé, le décret du 24 mars 1852 édicte une pénalité. Les parties, à notre avis, ne peuvent se soustraire à son application. Soutenir le contraire, n'est-ce pas rendre la disposition du décret relative à la désertion absolument inutile ? L'article 69 deviendra lettre morte si la clause pénale est permise ; car celle-ci aura vite fait de devenir de style. Or cet article existe, et le législateur a voulu, apparemment, qu'il servît à quelque chose. Si donc son utilité est incompatible avec la faculté d'y déroger, c'est que le législateur a entendu qu'on n'y dérogeât pas.

La clause pénale qui permettrait à l'armateur de retenir, en cas de désertion, tous les loyers du matelot, à titre d'indemnité, ne saurait donc être valable.

En serait-il de même en cas de refus de service de la part du matelot ?

Nous n'hésitons pas à répondre affirmativement.

Il est vrai que le décret de 1852 ne vise pas le cas de refus de service.

Nous n'en disons pas moins que l'armateur ne pourrait pas s'attribuer, à titre d'indemnité, la moindre parcelle des salaires du matelot, tout au moins par voie de retenue. Là encore, le principe de l'insaisissabilité des salaires s'oppose à ce que la compensation s'établisse entre la dette de l'armateur et celle du matelot.

Il faudrait encore recourir à l'insertion d'une condition résolutoire ou suspensive.

Mais serait-il équitable de donner à l'armateur le droit de s'attribuer la totalité du salaire du matelot, alors qu'en cas de désertion, la loi ne lui en accorde que la moitié ?

Et puis, cette faculté donnée à l'armateur d'anéantir à son profit le salaire du marin·est encore pour la Caisse des Invalides une cause de préjudice.

# CHAPITRE SECOND

## CAS DE FORCE MAJEURE QUI MODIFIENT LE DROIT AU SALAIRE

### SECTION PREMIÈRE

#### Interdiction de commerce

« C'est là une rupture de voyage par cas fortuit et force
» majeure, sans qu'il y ait rien du fait du propriétaire, du
» maître ou des marchands (1). »

« L'interdiction de commerce arrive, en effet, dit Valin,
» ou par une déclaration de guerre, ou par représailles, ou
» par une défense de commerce en tel ou tel endroit, soit
» pour cause de peste ou autrement, sans autre motif même
» que la volonté du prince. »

L'interdiction de commerce avec le lieu de la destination
du navire est une cause de rupture du voyage. Si elle porte
sur un autre lieu, elle pourra, en temps de guerre seulement, être une cause de gêne par suite de l'augmentation
des risques. La résiliation n'aurait plus lieu de plein droit.
Mais nous pensons qu'il appartiendrait aux tribunaux
d'apprécier s'il convient de la prononcer (2).

(1) Valin, sur l'art. 4, livre III, titre IV de l'ordonn. de 1681.
(2) Lyon-Caen et Renault, I, n° 431 bis. — *Contra* : Delvincourt,
II, 238. — Boulay-Paty, II, 204. — Dageville, II, 291. — Dalloz,
V° droit maritime, n° 708.

§ 1 — *Les marins sont engagés à salaires fixes*

Les principes consacrés par l'article 453 étaient déjà édictés par l'ordonnance. Le droit commun exigeait que le contrat fût résilié sans indemnité de part et d'autre (1).

Il ne sera donc payé aux marins que ce qui pourra leur être dû de leurs loyers.

Dès lors, l'article 253 accorde aux marins — moins l'indemnité — ce que leur accordait l'article 252, en cas de rupture.

Si l'interdiction se produit avant le voyage commencé, le marin sera payé des journées employées à l'équipement du navire. Il ne peut être question de salaire.

Si l'interdiction se produit au cours du voyage, le marin sera payé en proportion du temps qu'il aura servi.

Rien de plus simple, si le marin est engagé au mois.

S'il est engagé au voyage, il y aura évaluation à faire, puisque, dans ce cas, le forfait ne recevra pas sa complète exécution. On calculera donc le temps probable qu'aurait duré la traversée, et les matelots recevront, sur le salaire stipulé pour tout le voyage, une part proportionnelle au temps qu'ils auront servi.

Ne pourrait-on pas mesurer la longueur de la route parcourue et la comparer à la longueur de la route qu'il restait à faire pour atteindre au terme du voyage (2) ? Cette manière de calculer se concevrait facilement, puisque les marins se sont engagés, non pour un temps, mais pour un parcours. Néanmoins, les termes de l'article 254 sont formels. C'est

(1) Code Civil, art. 1147, 1148.
(2) De Valroger.

le temps seul qu'il faut envisager. Ces deux manières de calculer conduiraient d'ailleurs, le plus habituellement, à des résultats identiques.

### § 2. — *Les marins sont engagés à profits éventuels*

Les matelots engagés à la part de profits ou de fret verront sans doute leur bénéfice diminuer, et peut-être même disparaître, du fait de l'interdiction.

La nature de leur engagement, non seulement leur interdit de réclamer une indemnité proprement dite, mais elle les expose à être privés de toute rémunération pour le temps qu'ils ont servi.

L'article 257 est formel sur ce point.

## SECTION SECONDE

### Arrêt de puissance

L'arrêt n'a qu'un caractère provisoire. Il retarde le navire dans sa marche, il ne rompt pas le voyage.

L'arrêt peut être une mesure de prudence de la part d'un Gouvernement qui veut empêcher la divulgation à l'étranger de certains faits qu'il a intérêt à tenir secrets ; ce peut être une mesure de représailles, comme en cas d'embargo (1).

L'angarie est ordinairement assimilée à l'arrêt.

Cette mesure, plus grave que l'embargo, produit aussi des résultats temporaires.

### § 1. — *Les marins sont engagés à salaires fixes*

Si l'arrêt se produit avant le départ du navire, les marins sont traités comme en cas d'interdiction : ils sont payés des journées par eux employées à l'équipement du navire.

L'arrêt peut se produire en cours de route.

Dans ce cas, le voyage est considéré seulement comme suspendu. Mais alors, le législateur cesse d'assimiler les marins engagés au voyage à ceux qui ont contracté un

---

(1) « Ce terme se prend pour arrêt, ou pour les ordres que les Sou-
» verains donnent d'arrêter tous les vaisseaux dans leurs ports, et
» d'empêcher qu'il n'en sorte aucun, afin de les prendre et retenir
» eux-mêmes pour le service de l'Etat, et les contraindre de servir en
» païant, ce que les Anglois et les Hollandois appellent : Presser. »
(*Dictionnaire de marine*, publié à Amsterdam, chez Pierre Brunel ; MDCCII).

engagement au mois. Ceux-ci, pendant tout le temps de l'arrêt, reçoivent la moitié des salaires stipulés, tandis que le loyer des matelots engagés au voyage est payé aux termes de leur engagement. Ces derniers subiront donc, sans compensation aucune, le préjudice résultant du retard occasionné par l'arrêt. Les marins engagés au mois éprouveront aussi un préjudice, mais moins considérable. Pour eux, c'est comme si l'arrêt était moitié moins long.

Pourquoi cette différence de traitement ?

Pourquoi, pour les uns, l'application rigoureuse des principes, et pour les autres, seulement l'admission d'un tempérament dont tous auraient dû bénéficier ?

Déjà l'ordonnance décidait comme décide aujourd'hui le Code.

Valin se demandait alors pourquoi le marin engagé au voyage est de pire condition que l'autre : « C'est ce que l'on » ne comprend pas, » disait-il.

Le Code n'a pas admis ces critiques, et d'excellents auteurs (1) l'en félicitent pour la raison que le matelot engagé au voyage a traité à forfait.

C'est vrai. Mais il faut remarquer qu'en cas d'interdiction, on s'est départi de la rigueur des principes dans un sens favorable à l'armateur. Il eût été équitable de le faire ici en faveur du marin.

Le voyage peut être interrompu par une autre cause que l'arrêt. Le navire, par exemple, peut être retenu dans un port pour réparations d'avaries ; il peut être bloqué par les glaces.

_____

(1) Laurin. — Lyon-Caen et Renault, I, n° 432. — *Contra* : Filleau, p. 184 et s.

La plupart des auteurs (1) n'hésitent pas à faire à ce cas l'application des articles 253 et 254.

Il y a, en effet, une certaine analogie entre les deux hypothèses. Le législateur a plusieurs fois assimilé les deux situations, soit en plaçant sur le même pied, dans l'énumération des avaries particulières au compte du navire (2) les loyers courus pendant l'arrêt et ceux courus pendant la relâche en cours de réparations, soit en déclarant avaries communes (3) les loyers et nourriture des matelots pendant la détention, quand le navire est arrêté en voyage par ordre d'une puissance, et pendant les réparations des dommages volontairement soufferts pour le salut commun, si le navire est affrété au mois.

Le Tribunal de Commerce de Nantes s'est refusé à adopter cette manière de voir. Il a pensé que rien n'autorise à étendre à tous les cas de force majeure qui occasionnent le retardement, des dispositions formelles de la loi applicables seulement aux mesures de sûreté prises inopinément par un gouvernement, dans un but de sécurité nationale et dont l'armateur ne pouvait prévoir les conséquences lors de l'armement (4).

## § 2. — *Les marins sont engagés à profits éventuels*

Pour les marins engagés à profits éventuels, nous n'avons qu'à répéter ce que nous avons dit au sujet de l'interdiction.

(1) Pardessus, II, n° 685. — de Valroger, II, n° 554. — Desjardins, II, n° 699.
(2) Code de Commerce, article 403.
(3) Code de Commerce, article 400.
(4) Nantes, 14 mars 1891, N. 1891, 1, 152.

L'article 257 fait, en ce qui les concerne, l'application pure et simple des principes.

Peu importe la force majeure qui occasionne le retardement du voyage, le matelot n'a droit à aucun dédommagement.

C'est ainsi qu'il a été jugé (1) que les matelots engagés à la part qui, dans le cours du voyage, ont été obligés de faire de longs séjours dans les ports, pendant le règlement des avaries éprouvées par le navire, n'ont droit contre le capitaine, au retour de voyage, à aucune indemnité à raison du préjudice que ces séjours leur ont causé.

De même, le capitaine naviguant aux 5/8es ne peut, quand le voyage se trouve retardé par force majeure, réclamer aucune indemnité, mais doit lui-même les frais de nourriture et les gages pendant l'arrêt ou la relâche (2).

### § 3. — *Cas où une indemnité est allouée à l'armement*

L'article 257 prévoit le cas où le retardement ou la rupture du voyage imputable à quelqu'un donne lieu à une indemnité au profit de l'armement.

Nous avons étudié cette hypothèse. Nous savons que les marins engagés à profits éventuels ont leur part de cette indemnité.

Il en sera ainsi même quand le retardement ou la rupture proviennent d'une force majeure. Il suffit qu'ils donnent lieu à une indemnité. On conçoit qu'un gouvernement qui prend une mesure d'interdiction ou d'arrêt songe parfois à réparer le préjudice dont il est l'auteur.

Les marins engagés au voyage ou au mois en profiteront-ils ?

(1) Marseille, 30 décembre 1829, M. 30, 1, 245.
(2) Nantes, 29 février 1860, N. 60, 1, 111.

Faut-il dire, au contraire, que leur sort est, en toute hypothèse, réglé par les articles 253 et 254 ?

Il est certain que le Code n'a pas prévu le cas qui nous occupe, et de savants auteurs ont hésité sur la solution qu'il convient d'y apporter (1).

Néanmoins, il est plus équitable de tenir compte de l'indemnité dans le règlement des droits des marins.

Les rédacteurs du projet du 1867 l'avaient compris en proposant que, si des indemnités sont accordées à l'armement par suite de l'interdiction et de l'arrêt, il ne soit fait aucune réduction aux matelots engagés au mois, et que ceux engagés au voyage reçussent une augmentation proportionnelle au temps de l'arrêt, sans toutefois que l'indemnité accordée aux matelots puisse excéder la moitié de l'indemnité accordée à l'armateur.

### § 4. — Qui supporte les frais occasionnés par l'arrêt ?

Les frais occasionnés par une relâche imposée par ordre d'un gouvernement constituent, en principe, des avaries particulières. Le fréteur doit supporter seul les frais relatifs au navire. Il faut ranger, parmi ceux-ci, la nourriture de l'équipage et les loyers supplémentaires qui lui sont dus. Les chargeurs ne devraient donc pas contribuer au paiement de ces frais. C'est ce qui a lieu lorsque le navire a été affrété au voyage, ou lorsque l'arrêt du navire a lieu pour cause sanitaire.

---

(1) MM. Lyon-Caen et Renault, après avoir soutenu la négative (Précis, II, n° 1745, et note 5 de la p. 100), se sont décidés pour l'affirmative (Traité de droit maritime, I, n° 433). — V. aussi Filleau, p. 188. — de Valroger, n° 553.

Il en devrait être de même dans tous les cas où le voyage est arrêté par ordre d'une puissance.

Cependant, par exception, si le navire est affrété à temps, les frais occasionnés par la relâche sont réputés avaries communes. Dans ce cas, les frais de nourriture et les loyers supplémentaires dus à l'équipage pendant l'arrêt sont supportés par le fréteur et les chargeurs. Le Code n'a pas voulu que le fréteur supportât seul ces frais, alors que, pendant l'arrêt, il ne lui est dû aucun fret par les chargeurs.

Par contre, les frais occasionnés par une relâche volontaire à laquelle le capitaine s'est décidé dans l'intérêt commun du navire et des marchandises, constituent, en principe, des avaries communes. Les salaires dus aux matelots, en ce cas, en vertu de l'article 255, devraient être à la charge des affréteurs et du fréteur.

Il n'en est ainsi, cependant, que lorsque le navire est affrété à temps. Dans tous les autres cas, la loi met ces frais à la charge exclusive du fréteur (1).

Cette disposition de notre Code est difficile à justifier.

(1) V. Code de Commerce, art. 400-6°, 403-4°, 403-5°.

## SECTION TROISIÈME

### Prolongation du voyage par force majeure

———

§ 1. — *Les marins sont engagés à salaires fixes*

L'article 255 déclare que si le voyage est prolongé, le prix des loyers des matelots engagés au voyage est augmenté à proportion de la prolongation.

S'il n'est pas question ici des matelots engagés au mois, c'est que la nature même de leur engagement leur assure de plein droit une rémunération proportionnée au temps qu'ils ont servi.

Nous avons vu qu'en ce qui concerne la prolongation volontaire, l'application de l'article 255 ne souffre aucune difficulté.

Le même article s'applique-t-il au cas de prolongation par force majeure?

Non, disent les uns, puisque le marin engagé au voyage a traité à forfait (1).

Oui, disent les autres (2), puisqu'en cas de raccourcissement par force majeure, les salaires du matelot subissent une réduction.

C'était déjà la solution admise par l'ordonnance (3), et

———

(1) Dalloz, Vᵒ droit maritime, nᵒ 715. — Boulay-Paty, II, p. 212. — Ruben de Couder, Vᵒ gens de l'équipage, nᵒˢ 306 et s., etc. — Filleau, p. 194.

(2) Alauzet, V, nᵒ 1803. — De Valroger, II, nᵒ 556. — Desjardins, III, nᵒ 705. — Lyon-Caen et Renault, I, nᵒ 456.

(3) Ordonnance de 1681, livre III, titre IV, art. 6.

Valin déclarait qu'il était juste d'augmenter le salaire du matelot au cas de prolongation, qu'elle soit volontaire ou forcée.

### § 2. — *Les marins sont engagés à profits éventuels*

Pour les matelots engagés à profits éventuels, pas de difficultés. Leur sort est toujours soumis au droit commun, consacré par l'article 257.

———

SECTION QUATRIÈME

## Raccourcissement du voyage par force majeure

---

§ 1. — *Les marins sont engagés à salaires fixes*

L'article 256, que nous avons commenté plus haut, ne parle, et pour les raisons que nous venons d'indiquer, que des marins engagés au voyage. Nous savons que la volonté du capitaine ou des armateurs ne peut, en raccourcissant le voyage, diminuer le montant de leurs salaires.

M. Filleau (1) a soutenu qu'il en était de même en cas de raccourcissement par force majeure.

Cette solution est symétrique à celle du même auteur, en cas de prolongation par force majeure. « Quant aux matelots » engagés au voyage, dit-il, il est dans la nature de leur enga- » gement que leur salaire ne soit pas augmenté lorsque le » voyage est prolongé par force majeure, de même qu'il » ne doit pas être diminué, lorsqu'il est raccourci par la » même cause. »

Cette opinion a pour elle la logique. Mais elle est contraire aux textes.

L'article 255 ne fait aucune distinction entre la prolongation volontaire et la prolongation forcée ; il accorde, dans tous les cas, une augmentation de loyers ; l'article 256 ne vise que le cas de raccourcissement volontaire. C'est donc seulement en ce cas que les loyers ne seront pas diminués.

(1) Filleau, p. 194.

§ 2. — *Les marins sont engagés à profits éventuels*

L'article 257 ne parle pas du raccourcissement du voyage par force majeure. Les droits respectifs des parties sont réglés, comme en cas de rupture, retardement ou prolongation, par les principes généraux.

SECTION CINQUIÈME

## Prise, bris, naufrage, innavigabilité, perte sans nouvelles

---

### § 1. — *L'ancien article 258*

Les règles qui déterminent les droits des marins en cas de prise, naufrage ou déclaration d'innavigabilité, dérivent de la loi du 12 août 1885, qui a modifié l'article 258 du Code de Commerce et abrogé l'article 259.

Le Code ne faisait guère que reproduire les dispositions de l'ordonnance (1), conformes, du reste, à la tradition du droit maritime (2), mais aussi contraires à l'équité qu'aux règles du droit commun.

L'ancien article 258 décidait, en effet, qu'en cas de prise, bris et naufrage, avec perte entière du navire et des marchandises, les matelots ne pouvaient prétendre aucun loyer. On les dispensait simplement de restituer les avances reçues.

Il est évident que la perte du navire doit mettre fin à l'engagement des marins.

Mais pourquoi en faire une condition résolutoire rétroagissant au jour même de l'engagement ?

On voulait intéresser les marins à la conservation du navire, et Valin n'a que des éloges pour une disposition qui

---

(1) Ordonnance de 1681, livre III, titre IV, art. 8.

(2) Ainz perdrent lors louyers quand la neef est perdue (Rôles d'Oléron, art. 3).

lui semblait nécessitée par l'intérêt et la pratique de la navigation.

Rien n'est moins justifié.

Le droit commun demande que les marins soient payés jusqu'au jour de la cessation de leur service.

L'équité exige qu'ils ne soient privés de leurs salaires que s'ils ont commis quelque faute qui les en rende indignes.

« L'intérêt guide les hommes en général, et les gens de » mer en sont plus susceptibles encore que d'autres. S'ils » cessaient d'avoir intérêt à la conservation du navire et de » ses marchandises, au moindre péril dont ils seraient » menacés, ils ne songeraient qu'à sauver leur vie, sans se » mettre en peine du reste. Il était donc juste et du bien » public d'attacher leur fortune à celle du vaisseau. »

Ainsi s'exprimait Valin.

Pour nous, il n'est pas permis de présumer que les marins seront infidèles à leur devoir. Les faits sont là : ils protestent heureusement contre une semblable présomption, qui a reçu maintes fois de la réalité des choses le plus complet démenti (1).

Encore, s'il dépendait du marin d'empêcher, par son intrépidité, la perte du navire ! Il n'en est rien, aujourd'hui moins que jamais, où, en raison des nouvelles conditions de la navigation, le courage de chaque individu a une moins grande part dans le salut commun. Peut-être aussi est-il moins nécessaire qu'autrefois de faire appel au courage des matelots qui tous, ayant servi sur les vaisseaux de l'Etat, ont gardé, de leur passage dans la flotte, l'habitude de la discipline.

(1) V. rapport de M. Grivart au Sénat, 11 décembre 1876. *Journal officiel*, 1876, documents parlementaires, Sénat, p. 9,794

Depuis longtemps l'Etat payait jusqu'à leur retour en France les équipages de la flotte qui avaient eu le malheur de perdre leur bâtiment.

### § 2. — *Loi du 12 août 1885*

La loi du 12 août 1885 a tenu compte des critiques adressées au Code de Commerce et a consacré des principes moins rigoureux adoptés déjà par un grand nombre de législations étrangères.

Désormais, les matelots engagés au voyage ou au mois sont payés de leurs loyers jusqu'au jour de la cessation de leurs services, à moins qu'il ne soit prouvé soit que la perte du navire est le résultat de leur faute ou de leur négligence, soit qu'ils n'ont pas fait tout ce qui était en leur pouvoir pour sauver le navire, les passagers et les marchandises, ou pour recueillir les débris.

C'est le renversement de l'ancienne présomption et le rétablissement du droit commun.

La présomption établie en faveur des matelots est susceptible d'être combattue par la preuve contraire. Mais le fardeau de la preuve incombe à ceux qui invoqueront la faute ou le mauvais vouloir des matelots.

Si cette preuve est faite, les marins seront-ils privés de la totalité de leurs loyers ?

Le second alinéa de l'article 258 répond qu'il appartient aux tribunaux de statuer sur la suppression ou la réduction du loyer qu'ils ont encourue.

Rien de plus équitable.

L'article ajoute que : « les matelots ne sont jamais tenus à rendre ce qui leur a été avancé sur leurs loyers. »

L'ancien article 258 ne prévoyait pas expressément le cas

de perte sans nouvelles. Ce cas était assimilé au naufrage. Les familles des marins n'avaient donc aucun droit à exercer à raison du salaire des marins disparus.

La loi du 12 août 1885 a remédié à cet état de choses.

En cas de perte sans nouvelles, les héritiers ou représentants des matelots engagés au mois auront droit aux loyers échus jusqu'aux dernières nouvelles et à un mois en sus.

Dans le cas d'engagement au voyage, il sera dû à la succession des matelots moitié des loyers du voyage.

Enfin, si le naufrage s'est produit au cours d'un engagement pour un voyage d'aller et retour, comment sera calculée cette moitié des loyers due à la succession des matelots engagés au voyage ?

Le nouvel article 258 tranche cette question qui était de nature à soulever des controverses analogues à celles que l'ancien texte avait fait naître (1).

« Si l'engagement avait pour objet un voyage d'aller et » retour, il sera payé un quart de l'engagement total, si le « navire a péri en allant; trois quarts, s'il a péri dans le » retour. »

L'article ajoute : « Le tout sans préjudice des conventions » contraires. »

Nous savons donc que, sur ce point, les dispositions de l'article 258 ne sont pas impératives.

En est-il de même des autres points réglés par cet article ? Non, assurément.

On reconnaît bien à l'armateur le droit de stipuler que les loyers seront dus en entier à tout événement. Mais les dispositions de l'article 258, qui ont un caractère pénal, sont certainement d'ordre public. Il ne pourra donc être convenu que la faute du matelot sera sans influence sur ses loyers.

(1) V., par exemple, Desjardins, III, no 712.

La loi du 12 août 1885, de même que l'ancien article 258, dispense les matelots de rembourser les avances reçues.

L'ancien texte disait que les marins ne sont point tenus de rembourser les avances reçues. Le nouveau texte est plus énergique : il déclare que les matelots ne sont *jamais* tenus à rendre ce qui leur a été avancé sur leurs loyers.

On en conclut avec raison que la règle posée dans le paragraphe 3 du nouvel article 258 doit être appliquée nonobstant toute convention contraire, et même dans le cas où les avances excéderaient les loyers échus (1).

L'armateur ne pourrait pas se réserver le droit d'apprécier la réduction à faire subir aux salaires des marins. C'est aux tribunaux seuls qu'il appartient de statuer sur la réduction ou la suppression des salaires.

Mais les parties pourraient, après le sinistre, déférer d'un commun accord le litige à des arbitres.

Il serait enfin contraire à l'ordre public de convenir que les marins, renonçant au bénéfice du paragraphe 1er du texte nouveau, se replaceraient sous le régime de l'ancien article 258. Ce serait rendre l'œuvre du législateur vaine et inutile que de permettre aux parties d'y déroger par une clause qui deviendrait rapidement de style dans les engagements.

L'article 258 donne aux marins engagés au mois ou au voyage, pour le paiement de leurs salaires, un privilège sur le débris et sur le fret.

Ce privilège leur permet de passer avant l'État réclamant à l'armateur le remboursement des frais de rapatriement.

Nous verrons plus loin que les marins engagés au fret ou au profit n'ont pas de privilège sur les débris du navire.

(1) V. Héron de Villefosse, Annuaire de la Société de législation comparée, 1886, p. 100.

« De quelque manière que les matelots soient loués, dit
» l'article 261, ils sont payés des journées par eux employées
» à sauver les débris et les effets naufragés. »

Les matelots sont-ils obligés de travailler au sauvetage ?

Pothier (1) et Valin (2) le contestaient formellement.

Nulle part le Code n'en fait une obligation aux matelots,
tandis qu'il a pris soin de dire que dans le cas où le capitaine se voit dans la nécessité d'abandonner son navire :
« il est tenu de sauver avec lui l'argent et ce qu'il pourra
» des marchandises les plus précieuses de son chargement,
» sous peine d'en répondre en son propre nom (3). »

Les matelots n'en ont pas moins un intérêt évident à
s'occuper du sauvetage puisque, pour le paiement de leurs
salaires, ils ont (4), aux termes de l'article 258, un privilége sur les débris sauvés, et qu'à titre de sauveteurs, l'article 2103-3° du Code Civil leur donne un privilége sur ces
mêmes débris pour le paiement des journées employées au
sauvetage.

§ 3. — *Quelques difficultés relatives aux marins engagés
à profits éventuels*

Comme toujours, en cas de prise, naufrage, déclaration
d'innavigabilité, les marins engagés à profits éventuels
suivent le sort du navire et partagent les chances de la
navigation.

L'article 260 établit une différence entre les marins
engagés au fret et les marins engagés au profit.

(1) Pothier, Louage des matelots, n° 187.
(2) Valin, sur l'art. 9, Livre III, titre IV de l'Ordonnance de 1681.
(3) Code de Commerce, art. 241.
(4) Tout au moins, les marins engagés au voyage ou au mois.

Les premiers seuls sont payés de leurs loyers sur le fret ; ni les uns ni les autres n'ont de privilége sur les débris du navire.

Une difficulté peut se présenter au cas où, sur un même navire, ont été embarqués des marins engagés au fret et des marins engagés au mois ou au voyage.

Ces derniers, comme nous l'avons vu, ont pour le paiement de leurs salaires, un droit de préférence sur les débris du navire et sur le fret des marchandises sauvées, tandis que les marins engagés au fret ont un privilége sur le fret seulement.

Comment vont s'exercer concurremment les droits des uns et des autres ?

On a soutenu (1) que les marins engagés au mois ou au voyage primaient sur le fret les marins engagés au fret.

En contractant un engagement à salaires fixes, les gens de mer ont entendu pouvoir exercer leur privilége sur le fret, conformément à la loi. Ont-ils à tenir compte de la convention qui attribue à certains des matelots une part du fret ? Cette convention n'est-elle pas une *res inter alios acta ?*

D'autres ont pensé, au contraire, que ce droit de préférence spécial sur le fret devait être reconnu aux marins engagés au fret, parce que, privés de tout droit sur les débris du navire, ils avaient droit à une compensation.

A notre avis, il ne semble pas possible de reconnaître au profit des uns ou des autres un droit de préférence dont la loi ne parle nulle part (2).

Il convient, d'ailleurs, de faire la remarque suivante :

(1) De Valroger, II, no 588.
(2) Desjardins, V, 1279. — Lyon-Caen et Renault, I, no 438.

L'article 259 portait que les droits des marins engagés au voyage ou au mois s'exerçaient d'abord sur les débris du navire et *subsidiairement* sur le fret. En ne reproduisant pas cette disposition qui a disparu de notre Code avec l'article 259, la loi du 12 août 1885 a clairement indiqué que les marins engagés au voyage ou au mois peuvent, à leur choix, se faire payer de leurs salaires sur le fret ou sur les débris du navire.

L'article 260 ne parle pas des matelots engagés au profit.

Valin (1), en parlant d'eux, disait « qu'ils n'ont rien à
» prétendre, ni sur les débris du navire, ni sur le fret des
» marchandises : et cela est évident, puisqu'ici toute idée
» de profit disparaît, à moins qu'on ne sauve quelque por-
» tion de la chose dans laquelle ils ont part, auquel cas,
» leur droit se borne à en demander le partage. »

(1) Sur l'art. 9, livre III, titre IV, de l'ordonnance de 1681.

## SECTION SIXIÈME

### Maladie ou blessures des marins

Les salaires des ouvriers qui tombent malades ou sont blessés dans l'exercice de leur profession cessent de courir à partir du jour où ces ouvriers cessent leurs services.

S'ils prouvent qu'ils sont malades ou blessés par la faute ou la négligence de leur patron, celui-ci leur doit une indemnité.

En est-il de même des gens de mer ?

S'ils tombent malades, s'ils sont blessés au service du navire, l'armateur en les laissant à terre sera-t-il libéré de toute obligation à leur égard ?

Les articles 262 et suivants du Code de Commerce répondent à cette question en dérogeant formellement en faveur des matelots aux dispositions du droit commun.

Le matelot est payé de ses loyers, traité et pansé aux dépens du navire, s'il tombe malade pendant le voyage ou s'il est blessé au service du navire (1).

De même, le matelot est traité et pansé aux dépens du navire et du chargement, s'il est blessé en combattant contre les ennemis et les pirates (2).

Les articles 262 et 263 s'arrêtaient là.

Il en résultait pour l'armateur et parfois aussi pour les affréteurs des charges excessives auxquelles la loi du 12 août 1885 a apporté de sages limites.

(1) Ancien article 262.
(2) Ancien article 263.

## § 1. — *Le marin tombe malade pendant le voyage*

La maladie du marin pendant le voyage ne l'empêche pas de gagner ses salaires. Tant qu'il reste à bord du navire, il continue d'y avoir droit. Du jour où il est mis à terre, l'armateur est tenu de les lui payer pendant un temps qui ne pourra excéder quatre mois, mais qui pourra prendre fin plus tôt si le marin trouve un nouvel embarquement avant l'expiration du délai de quatre mois (1).

L'armateur n'est pas libéré, par l'expiration de ce délai, de l'obligation de pourvoir aux frais de la maladie, si celle-ci dure un temps plus long. Ce n'est pas qu'il soit tenu indéfiniment des frais de traitement et de pansement (2). Il appartiendrait, croyons-nous, aux tribunaux d'apprécier dans quelles limites l'armement est tenu (3).

L'article 262 donne aussi à l'armateur le moyen de se libérer en versant entre les mains de l'autorité une somme déterminée d'après un tarif arrêté par un règlement d'administration publique.

Il est évident que l'article 262 ne sera pas applicable si la maladie du marin est le résultat de sa mauvaise conduite ou de ses imprudences, ou si, au moment de son embarquement, le marin se trouvait atteint d'une maladie assez grave pour l'empêcher de rendre les services pour lesquels il s'est engagé (4). Mais du moment où l'armateur a engagé le marin, celui-ci est réputé en bonne santé. Pour se libérer

(1) Nantes, 2 juin 1888, H. 89, 2, 1. — L'obligation pour l'armateur de payer des loyers au matelot rapatrié cesse dès le rétablissement de celui-ci, encore qu'il n'ait pas contracté un nouvel engagement.
(2) *Contra* : Desjardins, III, n° 725. — De Valroger, II, n° 599.
(3) Havre, 20 août 1890, H. 90, 1, 228.
(4) Havre, 19 mai 1857. H. 57, 1, 102.

de l'obligation de lui payer ses loyers pendant le temps de
sa maladie, l'armateur devra donc prouver que la maladie
qui s'est manifestée pendant le voyage est, en réalité, anté-
rieure (1).

A quel moment le voyage sera-t-il réputé commencé pour
que le matelot qui tombe malade puisse invoquer les dispositions de l'article 262 ?

Nous croyons, avec M. Filleau (2), que le mot « voyage »
de l'article 262 doit s'entendre de la durée du service des
matelots et que le voyage est censé commencé après l'engagement du matelot et son inscription sur le rôle d'équipage.

Il est vrai que la plupart des auteurs (3) et la jurisprudence (4), suivant en cela l'opinion de Valin, estiment qu'il
y a lieu de distinguer entre la maladie et la blessure ; que
s'il n'est pas nécessaire, pour qu'il y ait lieu à l'application de
l'article 262, que la maladie se déclare plus de vingt-quatre
heures après le départ du navire (5), le voyage cependant
n'est pas réputé commencé par la simple inscription du
marin au rôle d'équipage, tant que le navire n'a pas levé
l'ancre ; tandis qu'il suffirait que le marin ait été blessé au
service du navire pour pouvoir invoquer l'article 262, sans
qu'il soit nécessaire que la blessure ait été reçue pendant le
voyage (6).

(1) De Valroger, II, n° 597. — Filleau, p. 101 et 102.

(2) Filleau, p. 92 et s. — V. aussi : Pardessus, n° 688.

(3) Bédarride, II, n° 599. — Demangeat, IV, n° 296. — Dutruc,
V° Gens de l'équipage, n° 148. — de Valroger, II, 596.

(4) Cass. 31 janvier 1854. — V. Filleau, p. 96.

(5) Alauzet, V, n° 1815. — Ruben de Couder, V° Gens de l'équipage,
n° 343.

(6) Dalloz, J. G. Supp. V° Droit maritime, n° 824. — Desjardins,
III, p. 724.

Quel que soit le mode de son engagement, le marin pourra invoquer les dispositions de l'article 262.

Ces dispositions, reproduites de l'article 11, titre IV, livre III de l'ordonnance de 1681, ont pour but d'encourager à la carrière de la marine. Ce motif indique par lui-même que l'article 262 s'applique aussi bien au matelot naviguant à la part qu'au matelot engagé à salaire en argent (1).

S'il en est ainsi, il ne nous semble pas qu'on puisse hésiter à affirmer que les frais de traitement doivent être supportés par l'armateur, et non prélevés sur le fond commun comme frais généraux.

### § 2. — *Le marin est blessé en combattant contre les ennemis ou les pirates*

L'article 263 prévoit le cas où le matelot est blessé en combattant contre les ennemis ou les pirates.

Si la défense dans laquelle le marin a été blessé a produit un résultat utile au navire et au chargement, les frais de traitement seront des avaries communes et partant mis à la charge de l'armateur et des chargeurs. Les dispositions de l'article 262 devront, aux termes de l'article 263, recevoir leur application.

Mais l'article 263 ne parle pas des loyers.

Seront-ils considérés comme avaries communes ou supportés exclusivement par l'armateur ?

Bien que cette dernière solution n'ait pas pour elle la logique, en présence du texte de l'article 263, il nous paraît difficile de ne pas l'adopter (2).

---

(1) Cass. 19 février 1872. D. 72, 1, 33.
(2) Desjardins, III, n° 727. — Lyon-Caen et Renault, I, n° 461. — *Contra :* de Valroger, II, n° 607.

Les dispositions des articles 262 et 263 sont d'ordre public.

### § 3. — *Le marin est blessé à terre*

Le matelot peut être blessé à terre. L'article 264 met en ce cas à la charge du marin, s'il est sorti du navire sans autorisation, les frais de traitement et de pansement. Il peut même, pour ce fait, être congédié par le capitaine, et ses loyers ne doivent lui être payés qu'à proportion seulement du temps qu'il a servi.

Que décider si le marin a quitté le navire avec autorisation ?

L'article 264, qui reste muet sur cette hypothèse, est-il encore applicable, ou faut-il recourir à l'article 262, qui met à la charge du navire les frais de traitement et de pansement, et accorde au matelot le droit d'être payé de ses loyers même après la cessation de ses services ?

Cette dernière solution, très favorable aux matelots, ne nous paraît pas admissible, car l'article 262 dispose uniquement pour le cas où le matelot a été blessé *au service* du navire.

Les droits du marin, dans l'hypothèse qui nous occupe, seront donc soumis au droit commun, sans qu'il y ait lieu de distinguer s'il a ou non commis une faute. Dès lors, les frais de traitement seront à sa charge, et ses loyers ne lui seront payés qu'à proportion du temps de ses services (1).

(1) Valin, sur l'art. 2, livre III, titre IV de l'ordonnance de 1681. — de Valroger, II, n° 615. — Danjon, n° 61. — Lyon-Caen et Renault, I, n° 462. — *Contra :* Alauzet, V, n° 1817. — Desjardins, III, 728. — Demangeat, IV, p. 303.

## SECTION SEPTIÈME

### Captivité du marin

Les articles 266 et suivants du Code de Commerce règlent les droits des marins dans une hypothèse qui n'est pas de nature à se présenter fréquemment de nos jours.

Il s'agit du cas où les marins sont faits esclaves.

L'article 266 ne fait que consacrer les principes du droit commun en déclarant que le matelot pris dans le navire et fait esclave ne peut réclamer aucune indemnité pour son rachat. Ses loyers ne lui sont dus que jusqu'au jour où il a été pris.

Exception est faite en faveur du matelot qui a été envoyé en mer ou à terre pour le service du navire. Il a été exposé plus que les autres, il est juste qu'il soit traité plus favorablement. Il a donc droit à une indemnité et aux loyers qu'il eût gagnés s'il fût resté sur le navire.

Ses loyers lui seront donc payés en entier, si le navire arrive à bon port ; et si le navire fait naufrage, jusqu'au jour de cet événement.

Quant à l'indemnité, le Code l'a fixée à six cents francs.

Si la rançon exigée du matelot est supérieure à cette somme, c'est lui qui supportera la différence.

Les loyers échus au jour de la capture demeurent en toute hypothèse à la charge de l'armateur. Les autres sont, comme l'indemnité, réputés avaries communes et supportés par le navire et les chargeurs, si l'envoi du marin en mer ou à terre a eu lieu dans l'intérêt du navire et de la cargaison et leur a été utile.

11

Dans le cas contraire, ils seront à la charge, soit de l'armement, soit de l'affréteur, selon que le marin a été envoyé à terre ou en mer pour le service du navire ou pour celui du chargement.

Ces articles recevraient leur application au cas où le marin aurait été pris, non par des pirates, mais par des belligérants. Mais il ne saurait, dans cette hypothèse, être question que des loyers.

## SECTION HUITIÈME

### Mort du marin

———

Les droits des héritiers des matelots morts pendant le voyage sont réglementés par l'article 265 du Code de Commerce, complété et modifié par la loi du 12 août 1885.

Les parties ne peuvent déroger à ces dispositions légales.

### § 1. — *Le marin était engagé à salaires fixes*

Les loyers des matelots engagés au mois sont dus jusqu'au jour du décès.

Comme on l'a fait remarquer (1), il y a là une légère faveur pour les familles, puisque, dans la rigueur des principes, ces loyers ne seraient dus que jusqu'au jour de la cessation des services.

La loi est encore plus favorable, et cela se conçoit, au cas où le marin a été tué en défendant le navire. Ses loyers sont dus comme s'il avait continué de servir à bord. Si donc le navire arrive à bon port, les héritiers pourront en réclamer la totalité, et en cas de prise, naufrage ou innavigabilité, ces loyers leur appartiendront jusqu'au jour de la cessation des services de l'équipage.

Si le marin était engagé au voyage, sa mort mettra fin à son engagement, comme l'eût fait la rupture volontaire du voyage.

« Le total des loyers est dû, s'il meurt après le voyage

(1) Lyon-Caen et Renault, I, n° 464.

» commencé ; si l'engagement avait pour objet un voyage
» d'aller et retour, la moitié des loyers est due s'il meurt en
» allant, ou au port d'arrivée, la totalité est due, s'il meurt
» en revenant. » (Art. 265).

Ces règles étaient déjà celles de l'ancien article 265.

## § 2. — *Le marin était engagé à profits éventuels*

La loi du 12 août 1885 les a rendues applicables aux
marins engagés au fret ou à la part.

Il y a là une heureuse innovation, car l'ancien texte faisait
peser sur l'armement une charge excessive en déclarant que
la part entière du marin engagé au fret ou au profit était
due, s'il mourait le voyage commencé.

L'article 265 contient cette disposition spéciale à la
grande pêche : « Pour les opérations de la grande pêche,
» la moitié de ses loyers ou de sa part est due s'il meurt
» pendant la première moitié de la campagne ; la totalité est
» due s'il meurt pendant la seconde moitié. »

Les héritiers du marin, mort pendant le voyage, ne peuvent invoquer le bénéfice des dispositions de l'article 265,
lorsqu'il est prouvé que le marin était malade avant le
départ.

On a prétendu qu'il fallait assimiler le suicide à la désertion et priver la famille des loyers acquis par le marin qui
aurait attenté à ses jours (1).

Cela ne nous semble pas admissible, et nous paraît contraire aux principes qui régissent le droit pénal.

Nous ne voudrions pas cependant appliquer l'article 265
au cas de suicide volontaire, sous prétexte que la loi ne
distingue pas.

(1) Rouen, 8 décembre 1881, S. 42, 2, 53.

Il nous semble plus juridique, et en même temps plus moral, de dire qu'il y a faute du matelot qui n'achève pas le voyage pour lequel il s'était engagé (1), et de le payer proportionnellement aux services rendus, sous déduction des dommages-intérêts qui peuvent être dus à l'armateur.

(1) Art. 238.

# TROISIÈME PARTIE

---

## COMMENT EST PROTÉGÉE LA CRÉANCE DES GENS DE MER
### PAIEMENT DES LOYERS

---

## CHAPITRE PREMIER

PERSONNES TENUES DU PAIEMENT DES LOYERS. — GARANTIES
ACCORDÉES AUX GENS DE MER

---

### SECTION PREMIÈRE

**Qui est personnellement tenu?**

---

§ *1.* — *Obligation des armateurs et propriétaires*

C'est au capitaine qu'il appartient de former l'équipage du vaisseau et louer les matelots et autres gens de l'équipage (1).

Mais il n'agit, bien entendu, que pour le compte des armateurs ou propriétaires du navire. Ce sont eux qui demeurent responsables du paiement des loyers.

---

(1) Code de Commerce, art. 223.

Pour la formation de l'équipage, la loi oblige le capitaine à s'entendre avec les propriétaires lorsqu'il se trouve « dans le lieu de leur demeure (1). »

Si, dans ce cas, le capitaine agit seul sans se concerter avec les propriétaires et que ceux-ci n'aient manifesté aucune opposition (2), ils sont tenus du paiement des gages dus aux marins (3). Ils peuvent seulement réclamer une indemnité au capitaine si sa conduite leur cause préjudice. Il serait injuste, en effet, de faire supporter aux gens de l'équipage les conséquences de la faute d'autrui. Mais cette solution implique que les marins sont eux-mêmes exempts de faute. Car s'ils étaient de connivence avec le capitaine, leur mauvaise foi les priverait de toute action contre les armateurs.

Tous ceux dont le nom est porté à l'acte de francisation sont considérés comme propriétaires du navire et peuvent se voir réclamer le paiement des loyers, lors même qu'ils ne seraient, en réalité, que des créanciers nantis.

Cette hypothèse se présentait fréquemment avant l'introduction, dans notre législation commerciale, de l'hypothèque maritime (4). Le navire était donné en nantissement au moyen d'une vente fictive. Les créanciers dont les noms étaient portés à l'acte de francisation jouissaient, vis-à-vis des tiers, des avantages attachés à la qualité de propriétaires. Il était juste qu'ils fussent tenus des obligations inhérentes à cette qualité, et que les tiers, qui n'avaient pas eu

(1) Code de Commerce, art. 223.
(2) Cassation, 30 août 1859, D. 59, 1, 350.
(3) *Contra* : Dalloz, J. G. S. V° Droit maritime, n°. 617.
(4) Loi du 10 décembre 1874 modifiée et remplacée par la loi du 10 juillet 1885.

connaissance du contrat de nantissement, pussent s'adresser à eux comme aux propriétaires véritables (1):

Quand le navire appartient à plusieurs co-propriétaires, ceux-ci sont tous solidairement obligés et le paiement intégral des salaires peut être demandé à chacun d'eux.

Il y a, en effet, société commerciale entre les co-propriétaires du navire qui l'exploitent en commun. Il y a, en tout cas, de leur part, obligation collective, qu'ils soient obligés par le fait de leur mandant ou qu'ils s'obligent eux-mêmes. Et cela suffit pour qu'ils soient tenus solidairement vis-à-vis des tiers, car la solidarité est de droit en matière commerciale, où ne s'applique pas l'article 1202 du Code Civil. La faculté pour chacun d'eux de se libérer dans certains cas, par l'abandon de sa part, ne contredit pas cette solution conforme aux plus anciennes et aux plus constantes traditions du droit maritime (2).

Il est évident, enfin, que les marins ne sauraient rien réclamer aux simples associés en participation dont les noms ne figureraient pas à l'acte de francisation.

Peu importe, d'ailleurs, que le capitaine ait été choisi par le propriétaire lui-même ou par l'armateur. Même en ce cas, l'engagement contracté par le capitaine envers les marins

(1) De Valroger, I, n° 224. — Lyon-Caen et Renault, II, n° 1610. — Rennes, 30 août 1866, M. 1867, 2, 93. — Cass. 27 février 1877, D. 77, 1, 214. — Consultation Aldrick Caumont, N. 61, 1, 38. — Rennes, 4 mars 1880, D. 81, 2, 210.

(2) Desjardins, II, n° 260.— de Valroger, I, n° 231. — Lyon-Caen et Renault, I, n° 297 bis. — Danjon, n° 37, — Boistel, n° 1165. — Pothier, obligat. n° 450; Pothier, Charte-Partie, n° 50 — Valin, sur les art. 5 et 6, Liv. II, titre VIII, Ordon. 1681. — Pardessus III, p. 47 et 48 ; IV, p. 18. — Boulay-Paty, II, p. 357 et s., 482, 490. — Cass. 27 février 1877, N 77, 2, 17. — Rennes, 4 mars 1880, D. 81, 2, 210.

oblige le propriétaire au nom de qui agissait l'armateur en choisissant le capitaine (1).

Mais si, ayant loué son navire à un affréteur principal, le propriétaire demeure tout à fait étranger à son exploitation, pourra-t-il encore se voir réclamer par les marins le paiement des salaires ?

La généralité des termes de l'article 216 ne permet pas d'en douter. La loi ne fait aucune distinction (2) ; le propriétaire reste toujours responsable des engagements du capitaine relatifs au navire et à l'expédition, sauf son recours, s'il y a lieu, contre l'affréteur principal.

Les marins ne pourraient-ils pas agir directement contre celui-ci ?

Ils le pourront assurément dans deux cas : d'abord, si l'affréteur est intervenu personnellement dans le contrat d'engagement, ou encore si le capitaine a agi d'après ses instructions (3). Dans ces deux cas, en effet, qu'il ait ou non la possession du navire vis-à-vis des tiers, que le capitaine soit ou non son préposé, l'affréteur s'est obligé personnellement.

Mais le capitaine a pu agir seul, conformément à l'article 223 du Code de Commerce.

Certaines législations étrangères font alors une distinction qui semble assez rationnelle (4) : l'affréteur principal a-t-il,

(1) De Valroger, I, nº 221. – Lyon-Caen et Renault, I, nº 192.
(2) Cresp et Laurin, I, nº 607 et s. – Caumont, Diction. Vº Abandon, nº 38. — Marseille, 7 juillet 1865, M. 1865, 1, 221.
(3) Cass. 18 mars 1878. D. 78, 1, 193.
(4) Toute personne qui affrète un bâtiment pour en avoir le contrôle et le naviguer seul, est réputée en être le propriétaire pendant le temps de l'affrétement, et en avoir tous les droits et toute la responsabilité relativement aux tiers. (Code du Bas-Canada, art. 2391).
Quiconque emploie pour son compte à la navigation maritime un

vis-à-vis des tiers, la possession du navire, se comporte-t-il comme un véritable propriétaire ? On devra le déclarer responsable du paiement des loyers et des autres engagements contractés par le capitaine. Dans le cas contraire, il n'en serait pas tenu.

On a fait remarquer toutefois que le Code de Commerce ne fait peser sur le propriétaire la responsabilité des actes du capitaine, qu'en lui accordant, en compensation, la faculté de se libérer par l'abandon. Or, l'affréteur principal ne peut pas faire abandon. Ne serait-il pas plus juste de faire ici l'application pure et simple du droit commun, et de ne déclarer l'affréteur principal responsable des loyers que si le capitaine choisi par lui peut être considéré comme son préposé ?

Enfin, il n'est pas douteux qu'une convention particulière intervenue entre l'armateur et le capitaine qui mettrait à la charge de ce dernier, le paiement des loyers ne modifierait en rien le droit qu'ont les marins de s'adresser à l'armateur. Il a été maintes fois jugé (1), par exemple, que l'armateur ne peut se refuser au paiement des loyers de l'équipage en invoquant le compromis de navigation qui met ces loyers au compte du capitaine naviguant aux 5/8$^{es}$ du fret. Ce compromis ne peut être opposé à des tiers et doit demeurer étranger aux matelots et à l'administration qui les représente.

## § 2. — De la faculté d'abandon

L'article 216 permet au propriétaire de s'affranchir par

navire qui ne lui appartient pas, et le conduit lui-même ou en confie la conduite à un capitaine, est considéré comme armateur vis-à-vis des tiers                                    (Code Allemand, art 477).

(1) Nantes, 20 août 1864, N. 64, 1, 210. — Nantes, 13 décembre 1882, N. 83, 1, 60.

l'abandon du navire et du fret, des engagements contractés par le capitaine.

Les termes de la loi sont généraux. L'abandon peut être opposé à tout créancier, même au plus favorable, même au marin réclamant le paiement de ses salaires.

Pour invoquer le bénéfice de cette disposition, destinée peut-être, en ce qui concerne les loyers de l'équipage, à disparaître de notre législation (1), il faut que l'engagement des marins soit l'œuvre exclusive du capitaine. Les principes généraux qui régissent la matière de l'abandon, ne permettent pas au propriétaire de s'affranchir des suites des contrats auxquels il a participé (2).

Ainsi lorsque le propriétaire sera intervenu soit par lui-même, soit par l'intermédiaire de l'armateur, dans l'engagement des gens de l'équipage, ils seront tenus, l'un et l'autre, sur tous leurs biens, et le propriétaire ne pourra se libérer par l'abandon.

De ce principe, nous pouvons déduire deux conséquences, toutes deux relatives au capitaine et dont l'une est indiquée par l'article 216 lui-même.

Voici la première : Le capitaine pourra toujours réclamer le montant de ses salaires sans risquer de se voir opposer l'abandon (3). Le capitaine, en effet, a traité directement

---

(1) Les rédacteurs du projet de 1865 déclaraient que « l'équité ne permet pas que le propriétaire puisse s'affranchir, par un abandon, parfois purement nominal, d'une dette qui est la condition nécessaire de toute expédition et qui mérite, d'ailleurs, par sa nature, toutes les faveurs de la loi. »

(2) Alauzet, III, n° 1108. — Bédarride, I, n° 293. — Lyon-Caen et Renault, I, n° 204. — De Valroger, I, n°ˢ 221 et s. — Cass. 7 novembre 1854, D. 54, 1, 367. — Cass. 30 août 1859, D. 59, 1, 350.

(3) Rennes, 30 juillet 1878.

avec le propriétaire ou l'armateur; ceux-ci sont donc person-nellement obligés, et l'abandon n'est pas possible.

L'autre conséquence est indiquée par l'article 216. Quand je capitaine est propriétaire du navire, la loi lui refuse à bon droit la faculté de s'affranchir, en tant que propriétaire, des engagements qu'il a contractés comme capitaine (1). L'aban-don ne pourra donc pas, dans ce cas, être opposé aux marins.

Ces principes sont certains. Ils ont été cependant contestés, et des systèmes contradictoires ont été soutenus.

Quelques décisions judiciaires (2) ont reconnu à l'arma-teur le droit de se libérer du paiement des salaires dus aux matelots, en leur faisant abandon du navire et du fret, même dans le cas où il a concouru avec le capitaine à la formation de l'équipage.

A l'appui de ce système, on a invoqué le texte et l'esprit de la loi.

« La loi, a-t-on dit (3), n'a pas distingué entre le cas où le capitaine a agi seul en dehors du propriétaire, et le cas où celui-ci a concouru à la formation de l'équipage; et cette distinction eût été naturelle en présence de l'article 223, duquel il résulte que les engagements pris envers l'équipage le sont, tantôt par le capitaine seul, et tantôt par lui, de concert avec les propriétaires, dans le lieu de leur demeure. Si l'intention du législateur de 1841, ajoute-t-on, eût été de placer ce dernier cas en dehors de l'application de l'ar-

---

(1) Le projet de 1865 accordait au capitaine, propriétaire ou co-pro-priétaire du navire, la faculté de faire abandon, à moins qu'il ne se soit *personnellement engagé.* La conclusion adoptée au texte serait donc encore vraie, quand bien même le projet laisserait subsister la faculté d'opposer l'abandon aux gens de l'équipage.

(2) Bordeaux, 7 mars 1854. — Marseille, 21 octobre 1859, N, 60, 2, 10.

(3) Marseille, 21 octobre 1859.

ticle 216, il s'en serait exprimé formellement avec d'autant plus de motifs que, sous l'empire de l'ancien article, certains tribunaux exonéraient complètement le propriétaire par l'abandon du navire et du fret; et que, dans une hypothèse analogue, celle des engagements contractés, conformément à l'article 232, par le capitaine, avec l'autorisation spéciale du propriétaire, il était de jurisprudence que cette autorisation spéciale n'engageait pas indéfiniment le propriétaire à qui était laissée la faculté d'abandon. »

Un dernier argument que la loi du 12 août 1885 ne permet plus d'invoquer était tiré de l'article 258 du Code de Commerce : « Le but et l'esprit de la loi, disait-on (1), a été évidemment de ne jamais soumettre le propriétaire, même vis-à-vis de l'équipage, au delà de ce qu'il expose aux risques de la navigation. Cet esprit et ce but sont clairement manifestés par la disposition de l'article 258 en vertu de laquelle les matelots ne peuvent prétendre aucun loyer de la part du propriétaire, lorsqu'il y a prise, bris et naufrage avec perte entière du navire et des marchandises. Il serait tout à fait illogique de soutenir que la loi ait voulu tenir le propriétaire indéfiniment engagé envers l'équipage, par le refus de la faculté d'abandon dans le cas le plus favorable à ce dernier, celui où il a le gage de la créance, alors que l'obligation directe et indéfinie du propriétaire aurait un terme par la réalisation du cas le plus préjudiciable au matelot, celui où, son gage ayant disparu, il se trouve exposé à perdre tout ou partie de ses salaires. »

Ces arguments peuvent être facilement réfutés (2).

Si l'article 216 n'existait pas, le capitaine qui contracte

(1) Marseille, 21 octobre 1859.
(2) Marseille, 4 novembre 1861, M. 1861, 1, 286.

dans l'exercice de ses fonctions, engagerait indéfiniment l'armateur parce qu'il est le préposé de l'armateur. L'intérêt du commerce de l'armement a fait admettre un tempérament à ce principe de droit commun.

Ce tempérament admis par le droit maritime consiste en ce que le capitaine n'a pouvoir d'engager l'armateur que jusqu'à concurrence du navire et du fret.

Mais le droit commun reprend son empire toutes les fois que l'armateur agit lui-même ou intervient dans les actes du capitaine pour les autoriser. On ne saurait admettre que celui qui prend un engagement personnel ou qui se rend propre l'engagement pris pour lui pût en décliner les conséquences. L'intérêt du commerce veut qu'un armateur ne soit pas grevé indéfiniment des obligations qu'un capitaine prendrait loin de sa surveillance ; mais ce même intérêt exige aussi que l'armateur ne puisse pas s'exempter des obligations que le capitaine contracte de concert avec lui, que l'armateur limite suivant sa volonté, qui sont les fondements nécessaires de l'expédition maritime entreprise d'après ses ordres.

Le texte de l'article 216 ne laisse aucun doute sur l'intention du législateur.

Opposer à cette doctrine l'ancien article 258, c'était oublier la raison qui l'avait fait édicter et méconnaître complètement l'esprit de la loi. Le législateur, en faisant dépendre du salut du navire le paiement des salaires, voulait stimuler le zèle des marins et les engager à travailler activement au sauvetage. Il y avait là une grave dérogation au droit commun, et comme une présomption de faute à la charge des marins en cas de perte du navire. Mais il était impossible d'en tirer un argument solide en faveur du système que nous combattons.

Ce système semble d'ailleurs abandonné aujourd'hui.

Il en est de même de celui qui refuse, dans tous les cas, au propriétaire, la faculté de se libérer du paiement des salaires par l'abandon du navire et du fret (1).

A en croire les partisans de ce système, le propriétaire serait toujours personnellement engagé vis-à-vis des marins. « Cette obligation personnelle n'est pas limitée au cas où » il est présent à l'armement; car s'il n'est pas présent, il » est représenté par un commissionnaire ou par le capi- » taine, le bâtiment ne pouvant être armé et naviguer sous » son nom sans qu'il ait donné mandat à cet effet. Or, de » même que toutes les dépenses *d'armement* faites en son » absence, comme en sa présence, ne tombent pas sous » l'application de l'article 216 du Code de Commerce, par » le motif seul qu'il a donné ordre d'armer, de même » celles qui résultent de l'engagement du nombre d'hommes » nécessaire pour manœuvrer le bâtiment sont des frais » dont l'armateur est personnellement tenu (2). »

Le principe dont on fait ici l'application au contrat d'engagement des gens de mer n'est pas exact : il est formellement contredit par l'article 216 du Code de Commerce (3). L'intérêt qu'inspire la situation des marins fera peut-être introduire en leur faveur une exception désirable. Jusque-là, il n'est pas possible de dénier au propriétaire le droit de leur faire abandon du navire et du fret, lorsqu'il n'a pas concouru à leur engagement.

La jurisprudence et les auteurs (4) s'accordent à recon-

---

(1) Marseille, 25 mars 1862, M. 1862, 1, 26. — Marseille, 16 octobre 1868, M. 1869, 1, 28.

(2) Filleau, p. 75.

(3) Lyon-Caen et Renault, I, n° 209. — De Valroger, I, n° 258.

(4) Cass., 7 novembre 1854, D. 54, 1, 367. — 30 août 1859, D. 59, 1, 350. — Marseille, 30 mai 1862, M. 1862, 1,173. — 4 novembre 1861,

naître, d'après l'article 223 du Code de Commerce, que la formation de l'équipage au lieu de la demeure du propriétaire fait présumer la participation de celui-ci à l'engagement des marins, et lui enlève, par conséquent, la possibilité de se libérer par l'abandon.

On refuse même, en ce cas, au propriétaire, le droit de prouver qu'il y est resté étranger (1).

L'accord est, au contraire, loin d'être de fait sur le sens qu'il faut attribuer au mot *demeure* de l'article 223 (2).

Nous croyons, cependant, que la faculté d'abandon doit être refusée au propriétaire, par cela seul qu'il se trouvait, même accidentellement, au lieu où l'engagement a été contracté. Il n'ignorait, en effet, ni la présence de son navire, ni les pouvoirs du capitaine. Il lui était donc facile d'intervenir et d'exercer ce droit de *veto* que la loi réserve au propriétaire. La situation des matelots n'est pas la même. Il est vraisemblable que la présence du propriétaire leur était inconnue.

On discute la question de savoir si le propriétaire qui veut user du bénéfice de l'article 216 doit abandonner aux créanciers le montant intégral du fret, ou s'il faut l'autoriser à en déduire les sommes suffisantes pour solder les dépenses à sa charge (3).

M. 1861, 1, 286. — Bordeaux, 1er août 1854, M. 1856, 2, 138. — Cass., 8 janvier 1878, S. 78, 1, 113. — Desjardins, II, n° 283. — De Valroger, I, n° 348. — Lyon-Caen et Renault, I, n° 210.

(1) *Contra* : Desjardins, II, n° 283. — Cresp. I, p. 628. — Marseille, 19 juillet 1860, M. 1860, 1, 200.

(2) Emerigon, Traité des contr. à la gr., chap. IV, sect. VI. — Desjardins, II, n° 289. — Boistel, n° 1195. — De Valroger, I, n°s 347, 413. — Lyon-Caen et Renault, I, n° 184. — Nantes, 17 juin 1876, N. 77, 1, 15. — Poitiers, 18 février 1873, D. 73, 2, 11.

(3) Lyon-Caen et Renault, I, n° 233. — Cresp et Laurin, I, p. 631. — Desjardins, II, n° 289.

Malgré le principe qui permet au propriétaire de n'être tenu que sur sa fortune de mer seulement des engagements contractés par le capitaine, les termes absolus de l'article 216 et le sens attaché, en général, au mot fret semblent donner raison aux partisans de la première opinion (1).

Mais ici la question ne saurait faire de doute. Le propriétaire ne peut s'affranchir du paiement des loyers dus aux marins que par l'abandon du fret brut.

Ne pouvant, en effet, retenir sur le fret la somme due à l'équipage, puisque l'abandon le dispense du paiement des loyers, il ne saurait non plus rien retenir pour le paiement des autres mises dehors, car ce serait créer sur le fret un véritable privilége en faveur des autres fournisseurs, au détriment de celui que la loi accorde aux marins.

Nous n'avons pas à entrer dans les controverses relatives à l'abandon du fret (2).

Nous croyons, conformément aux conclusions du Congrès international de droit maritime de Bruxelles, en 1888 (3), que « le propriétaire peut s'affranchir de sa res- » ponsabilité par l'abandon du navire et du fret ou de leur » valeur à la fin du voyage pendant lequel l'obligation est » née. »

---

(1) De Valroger, I, n° 265. — Nantes, 4 novembre 1865, N. 65, 1, 306. Cass. 18 mai 1870. D. 70, 1, 326.

(2) V. Lyon-Caen et Renault, I, n°s 229 et s. — De Valroger, I, n° 263.

(3) Revue internationale de droit maritime, 1888-89, p. 372.

---

## SECTION SECONDE

**Dans quel délai les loyers doivent-ils être réclamés?**

————

§ 1. — *Nature de la prescription de l'article 433*

Les gens de mer ont une année pour réclamer le paiement de leurs salaires.

L'article 433 déclare prescrite toute action en paiement pour gages et loyers non intentée dans l'année qui suit la fin du voyage.

Cette prescription a pour but de hâter le règlement des comptes entre armateurs et hommes de mer. Edictée dans l'intérêt des affaires commerciales qui requièrent célérité et dans l'intérêt des marins eux-mêmes, elle est de nature à prévenir bien des difficultés.

C'est une véritable déchéance qu'édicte l'article 433.

Quelques auteurs (1) estiment, cependant, que la prescription de l'article 433 « ressemble parfaitement aux prescriptions annales du droit civil. » Ils en concluent que, fondée sur une présomption de libération, elle peut être combattue par la délation du serment, conformément à l'article 2275 du Code Civil (2).

Cette opinion n'est pas exacte.

(1) Merlin, Rep. Vᵒ Prescription, section II, § 4.
(2) Boulay-Paty, cours de droit commercial et maritime, IV, p. 602.
— Alauzet, III, 1621. — C'était aussi l'opinion de Valin, sur l'art. 10, titre VIII, livre I de l'ordonnance de 1681.

On ne peut, en matière de prescription, déférer le serment que dans les cas expressément indiqués par la loi (1).

Il faut d'ailleurs chercher la raison d'être de l'article 433 non dans une présomption de libération, mais dans le but poursuivi par le législateur d'arriver à une liquidation rapide et à un prompt règlement des droits des parties.

## § 2. — *Point de départ de la prescription*

L'article 433 fait commencer le délai d'un an à la fin du voyage (2).

Mais à quel moment le voyage peut-il être considéré comme terminé ? A quel moment précis commencera à courir le délai d'un an ?

L'article 433 parle d'une autre prescription : celle de l'action en paiement du fret. Cette action est prescrite également un an après le voyage fini.

On est d'accord pour dire qu'en ce cas le voyage est fini quand le navire est entré au port d'arrivée et déchargé (3) ; et que lorsqu'un terme a été stipulé pour le paiement du fret, la prescription ne court que du jour où le fret est

(1) Lyon-Caen et Renault, I, n° 407. — Bédarride, V, 1973. — Boistel, n° 1444. — Bordeaux, 16 novembre 1848, S. 49, 2, 266. — Cass. 13 février 1856, S. 56, 1, 643. — Aix, 13 août 1859, D. 60, 2, 86. — Cass. 16 juillet 1860, D. 60, 1, 461.

(2) Nantes, 24 mars 1866, N. 66, 1, 115. — Rennes, 30 août 1866, N. 67, 1, 33. — Cass. 1er juin 1869, N. 70, 1, 5. — Rennes, 25 mars 1870, N. 70, 1, 112. — Rouen, 16 juillet 1873, N. 73, 2, 107. — Nantes, 21 février 1874, N. 74, 1, 180.

(3) Alauzet, VI, 2356. — Bédarride, V, 1961. — Dutruc, V° Fret, 267. — Ruben de Couder, *eod. verb.*, n° 365. — de Valroger, V, n° 2274. — Lyon-Caen et Renault, I, n° 822. — Cass. 10 novembre 1880, D. 80, 1, 457.

devenu exigible (1). L'application pure et simple du droit commun conduit à cette solution. La prescription ne court pas, en effet, à l'égard d'une créance à jour fixe jusqu'à ce que ce jour soit arrivé (2).

L'application des mêmes principes conduira à décider que la prescription de l'action en paiement des loyers ne pourra commencer à courir que du jour où les loyers seront liquides et exigibles.

C'est à ce moment, seulement, que le voyage des marins sera considéré comme terminé.

Les loyers sont liquidés au port de désarmement, à l'expiration du rôle d'équipage, et c'est à partir de ce moment que les marins peuvent, en général, en exiger le paiement. C'est donc à partir du jour du désarmement auquel procède l'autorité maritime que la prescription commence à courir (3) et non pas dès le jour de l'arrivée du navire, comme le dit un jugement du Tribunal de Commerce de Nantes, du 21 février 1874 (4).

De quelque manière que le voyage se termine par rapport au navire ; qu'une heureuse traversée le ramène au port ; qu'il fasse naufrage en vue de quelque côte ; ou qu'à défaut de nouvelles on soit autorisé à le considérer comme perdu (5), l'administration de la marine procédera toujours à la liquidation des salaires attribués aux matelots ou à leurs héritiers; et c'est seulement au jour de cette liquidation qu'il faut placer le point de départ du délai d'un an.

(1) Pardessus, III, 720. — de Valroger, V, 2275.

(2) Code Civil, art. 2257.

(3) Circulaire ministérielle du 13 mars 1863, B. O. 63, 1, 43. — Circul. du 26 juin 1889, B. O. 89, 1, 209. — Rennes, 8 mars 1869, D. 70, 2, 198.

(4) N. 74, 1, 180.

(5) Circulaire ministérielle du 12 juillet 1861, B. O. 61, 2, 65.

Il en sera ainsi même au cas où, en fait, le voyage du marin prendrait fin avant celui du navire. Qu'un matelot soit débarqué en cours de route (1), ce qui lui est dû ne peut être par lui réclamé avant le désarmement (2). La prescription ne commencera à courir qu'à ce moment.

Ce système, qui a l'avantage de donner un point de départ unique dans toutes les circonstances, n'a pas toujours été admis par les tribunaux en cas de naufrage du navire ou de perte par défaut de nouvelles.

En cas de naufrage, le voyage a été déclaré terminé tantôt par la perte du navire, tantôt par le rapatriement des matelots en France, tantôt enfin par la connaissance que l'administration de la marine aurait eue de la perte du navire (3).

Ces trois systèmes semblent avoir été soutenus par un arrêt de la cour d'Aix du 13 août 1859 (4), contre lequel l'administration de la marine s'est pourvue, et que la cour de cassation (5) a confirmé.

« Aucun de ces systèmes, disait-on à l'appui du pourvoi,
» n'est admissible. Le premier conduirait souvent à des
» conséquences iniques, car comment exiger, par exemple,
» de l'équipage qu'il réclame ses loyers dans l'année du
» naufrage, s'il arrive qu'un navire se perd sur une côte

(1) Rouen, 12 août 1863, S. 64, 2, 299. — D. J. G. Sup. Vº Droit maritime, nº 804.

(2) A moins qu'il n'en soit autrement décidé par l'administration.

(3) Marseille, 30 juillet 1862, M. 1862. 1. 209. — Bordeaux, 11 novembre 1863, S. 64, 2, 165. — Rennes, 30 août 1866, S. 67, 2, 156. — Cass. 28 novembre 1866, D. 67, 1, 225.

(4) D. 60, 2, 86.

(5) Cass 16 juillet 1860, S 60, 1, 839. D. 60, 1, 461,

» lointaine, à 5 ou 6,000 lieues de France? Le second est
» contraire au texte formel de l'article 433, qui donne à la
» prescription un point de départ unique pour tous les gens
» de l'équipage, et ne permet pas, par conséquent, d'accep-
» ter un système suivant lequel la prescription aurait autant
» de points de départ que de rapatriements de matelots.
» Quant au troisième système, il suppose que l'ignorance
» est une cause de suspension de la prescription, contrai-
» rement à la doctrine universellement enseignée. »

Lorsque le navire disparaît sans nouvelles, il est impossible de préciser le jour où il s'est perdu. Quel sera alors le
point de départ de la prescription pour ceux qui la font
commencer au jour de la perte? On a bien soutenu qu'en
ce cas le point de départ faisant défaut, on était obligé de
retomber dans la prescription trentenaire (1). Encore faudrait-il dire à quel moment commencera à courir cette période de trente ans.

La vérité est qu'en ce cas, comme en cas de naufrage,
l'action en paiement de loyers se prescrit par un an à partir
de la confection du rôle de désarmement (2).

### § 3. — *Circonstances qui rendent la prescription annale impossible*

La prescription, dit l'article 434, ne peut avoir lieu s'il
y a cédule, obligation, arrêté de compte ou interpellation
judiciaire.

Il faut entendre par là non pas que la prescription annale

(1) Cass. 20 février 1872, D. 72, 1, 364. — Dall. J. G. Supp. Vo
Droit maritime, no 2225.

(2) Rouen, 12 août 1863, S. 64, 2, 299. — Lyon-Caen et Renault,
I, no 405.

est interrompue ou simplement suspendue ; mais qu'elle est rendue impossible et ne peut plus avoir lieu. Elle fait place à la prescription trentenaire (1).

La reconnaissance de la dette, donnant application à l'article 434, pourra résulter de la déclaration faite par l'armateur au cours de l'année qui suit la fin du voyage, de n'avoir jamais réglé les comptes de loyers et d'être disposé à les payer (2). Il est évident qu'une semblable déclaration n'interrompt pas seulement la prescription. Elle opère novation de la dette.

Une demande en justice dirigée contre l'armateur, qui est le représentant légal de l'armement, aura le même résultat, non seulement vis-à-vis de l'armateur, mais vis-à-vis de tous les co-propriétaires du navire, débiteurs solidaires des salaires des marins (3).

La prescription ne peut plus avoir lieu lorsque le capitaine a été assigné en paiement des salaires avant l'expiration du délai d'un an (4) ; surtout quand le capitaine est détenteur des frets qui sont affectés par privilége au paiement des salaires (5).

Le délai d'un an, avons-nous dit, commence à courir du jour où le rôle de désarmement a été dressé.

Si le rôle contenant l'arrêté de compte a été signé par l'armateur, ou même par le capitaine, qui en est le représentant légal, la prescription d'un an n'a jamais pu avoir lieu. A l'instant même où le délai pouvait commencer à

---

(1) Dalloz, J. G. V° Droit maritime, n° 2237.
(2) Rennes, 15 mars 1870, N. 70, 1, 112.
(3) Rouen, 16 juillet 1873, N. 73, 2, 107.
(4) Cass. 1er juin 1869, N. 70, 1, 5.
(5) Rennes, 30 août 1866, N. 67, 1, 33.

courir, la prescription exceptionnelle de l'article 433 a cessé d'être possible (1).

Mais le simple paiement des Invalides et les mentions du rôle d'équipage qui n'établissent aucun engagement ni aucune reconnaissance de la dette de l'armateur ne peuvent constituer « l'arrêté de compte » exigé par l'article 434 pour soumettre la créance à la prescription trentenaire (2).

Il faudrait voir une cause de suspension de la prescription dans une demande de sursis faite par l'armateur. « Il serait,
» en effet, contradictoire aux principes de la matière, dit
» un arrêt de la Chambre des requêtes (3), qu'une pres-
» cription put courir au profit d'un débiteur pendant le
» sursis qu'il a obtenu sur sa demande pour se libérer de
» ses obligations. »

§ 4. — *A qui la prescription est-elle opposable?*

Cette prescription est opposable aux officiers comme aux matelots.

L'est-elle à ceux qui, sans être préposés à la conduite du navire, font partie de l'équipage? Le texte semble l'indiquer (4). Nous croyons que la prescription de l'article 433 s'applique à tous les loyers de nature à être constatés par le rôle d'équipage et sur lesquels l'administration de la marine a un droit de prélèvement.

Il n'y a pas d'ailleurs à distinguer entre les marins enga-

(1) Nantes 13 décembre 1882, N. 83, 1, 60.
(2) Nantes, 21 avril 1883, N. 83, 1, 303.
(3) Cass. req. 28 novembre 1865, Journal des Tribunaux de Commerce, n° 5841, XVI, p. 450.
(4) Desjardins, VIII, n° 6709 *bis*. — *Contra* : Lyon-Caen et Renault, I, n° 401.

gés au voyage ou au mois et ceux qui ont contracté un
engagement à profit éventuel. La rétribution des uns et des
autres constitue un salaire dont le paiement doit être réclamé
dans le délai d'un an (1).

Que les marins agissent soit par eux-mêmes, soit par
l'intermédiaire de l'administration de la marine, peu
importe. L'administration, ne faisant qu'exercer l'action des
marins quand elle réclame les 97 pour 100 qui leur revien-
nent, ne saurait avoir plus de droits que ceux-ci et est soumise aux mêmes déchéances. Il en est de même quand elle
agit dans son intérêt propre et qu'elle réclame les 3 pour 100
dont est créancière la Caisse des Invalides. Il est évident,
en effet, que la créance de la Caisse des Invalides est inti-
mement liée à la créance des marins eux-mêmes, et que,
celle-ci prescrite, celle-là ne saurait lui survivre (2).

Mais lorsque l'Etat réclame à l'armement le remboursement des frais de rapatriement, il agit en vertu d'un droit
propre et né directement à son profit (3). Aussi ne com-
prenons-nous pas que des auteurs qui admettent ce principe, qui reconnaissent qu'en ce cas l'Etat n'exerce pas le
droit des gens de mer et n'agit pas en leur nom comme il
le fait lorsqu'il réclame le paiement de leurs loyers, consi-
dèrent cependant les frais de rapatriement comme un accessoire des loyers, et déclarent l'action en paiement de ces
frais soumise à la prescription annale (4).

---

(1) Décret du 7 avril 1860, art. 14.
(2) Cass. 20 mai 1857, D. 57, 1, 249. — Aix, 13 août 1859, D. 60,
2, 86. — Rouen, 24 décembre 1879, H. 80, 1, 35. — Grandville,
29 mars 1889, Revue intern. de droit maritime, 1889-90, p. 230. —
Cass. 6 février 1877, D. 77, 1, 114.
(3) Lyon-Caen et Renault, I, no 416.
(4) Lyon-Caen et Renault, I, no 416.

Les frais de rapatriement ne sont pas un accessoire des loyers puisqu'ils sont dus à l'Etat autant et plus qu'aux marins eux-mêmes (1), alors que les loyers ne sont dus qu'aux marins. « La créance de l'administration, pour le » remboursement des frais de rapatriement, n'a pas son prin- » cipe, dit un arrêt (2), dans une subrogation aux droits des » matelots ; elle est distincte des loyers qui leur sont dus et » des salaires qu'ils ont pu stipuler dans leur intérêt privé » en s'engageant à bord d'un navire marchand ; — elle est » personnelle à l'administration qui agit au nom et dans » l'intérêt de l'Etat et en vertu d'une prérogative qui lui est » propre ; — elle n'est pas soumise aux dispositions du Code » de Commerce qui s'occupe de régler les rapports parti- » culiers et les engagements respectifs des hommes de » l'équipage avec l'armateur, et non de celui-ci avec l'ad- » ministration ; — elle naît d'une obligation qui le lie » directement envers l'Etat, et qui dérive elle-même des lois » et règlements de l'Inscription maritime. »

Il y a donc là deux créances distinctes et séparées, dont l'une, la créance des loyers, est soumise à une prescription spéciale, tandis que l'autre, la créance des frais de rapa- triement, reste soumise à la prescription ordinaire de trente ans (3).

Il est évident que la créance des loyers s'éteint par le

(1) Danjon, n° 878.

(2) Rennes, 31 mai 1869, D. 70, 2, 196.

(3) Cass. 2 juin 1829, S. 29, 1, 273. — Aix, 26 juillet 1864, S. 65, 2, 297. — Douai, 10 août 1865, B. O. 66, 1, 137. — Rennes, 8 mars 1869, S. 70, 2, 185. — Cass. 14 février 1870, S. 70, 1, 247. — Mont- pellier, 26 juin 1872, B. O. 72, 2, 341. — Rouen, 16 juillet 1873, D. 74, 2, 174. — Cass. 24 mars 1871, S. 75, 1, 259. — Cass. 31 décembre 1879, B. O. 80, 1, 410. — Rennes, 26 janvier 1885, B. O. 85, 1, 580. — N. 86, 1, 285.

paiement fait aux marins, quelle que soit la personne qui
effectue ce paiement. Il s'ensuit que si les loyers ont été
avancés par le capitaine ou l'administration de la marine,
l'action en remboursement qui sera intentée à l'armateur ne
sera pas une action en paiement de loyers et restera dès
lors soumise à la prescription de droit commun (1).

(1) Desjardins VIII, 1709. — Lyon-Caen et Renault, I, n° 402.

## SECTION TROISIÈME

### Privilèges

---

#### Privilège sur le navire

§ 1. — *Qui peut invoquer ce privilège ?*

L'article 191-6° déclare privilégiés les gages et loyers du capitaine et autres gens de l'équipage employés au dernier voyage, et l'article 271 dit aussi que le navire et le fret sont spécialement affectés aux loyers des matelots.

Les gens de mer ont donc un privilège sur le navire.

Rien n'est plus juste. Ils ont contribué par leur travail, et souvent au péril de leur vie, à conserver le navire dans le patrimoine de l'armateur. Ce navire, qui représente parfois un capital considérable, n'aurait été, sans eux, qu'un capital improductif.

Il y a longtemps que ce privilège a été reconnu aux marins.

Le Consulat de la mer en fait mention (1) et le Code de Commerce, en réglementant ce privilège, ne fait guère que reproduire les dispositions de l'ordonnance et les commentaires de Valin (2).

Ce privilège est, d'ailleurs, consacré par toutes les législations maritimes. On reconnaît même aux matelots étran-

---

(1) Consulat de la mer, chap. XIII.
(2) Ordonn. de 1681, livre I, titre xiv, art. 16.

gers le droit de réclamer devant les tribunaux français l'application de la loi de leur pays, en ce qui concerne le privilége qui garantit leurs salaires (1).

Le privilége porte sur le navire.

En vertu de l'article 2 de la loi du 19 février 1880, les gens de mer, en faisant opposition entre les mains des assureurs, pourront, en cas de perte du navire assuré, exercer leur privilége sur l'indemnité due au propriétaire ou à l'armateur.

La Cour de Rennes, dans un arrêt du 26 janvier 1885 (2), a décidé que si le navire disparaissait par suite d'abordage, et que l'armateur fût indemnisé par l'abordeur de la perte de sonnavire et du préjudice que lui causait cette perte, l'indemnité remplaçait le navire et n'entrait dans le patrimoine de l'armateur que frappée du même privilége.

L'équité commande cette solution qui semble conforme à l'intention du législateur. Si de son navire, victime d'un accident fortuit, l'armateur n'avait pu sauver que quelques débris, les gens de mer pourraient exercer leur privilége sur ces épaves (3), ne restât-il rien du navire « si no un clau » (4). On ne saurait donc leur refuser de se faire payer par privilége sur l'indemnité allouée à l'armateur, sans permettre à celui-ci, à qui l'abordage n'a causé aucun préjudice, de s'enrichir à leurs dépens.

L'administration de la marine n'hésite pas à adopter cette manière de voir, et une circulaire (5) décide « que l'in-

(1) Nantes, 28 novembre 1860, N. 61, 1, 43.

(2) N. 86, 1, 285.

(3) Sauf ce qui a été dit plus haut, relativement aux marins engagés au fret ou à la part.

(4) « Lo mariner, si non y havia sino un clau de que s'pogues pagar, se deu pagar. » (Consulat de la mer, chap. XIII).

(5) Circulaire du 26 juin 1889, B. O. 89, 1, 909.

» demnité d'abordage prend la place du navire et des
» produits de pêche, et supporte au même titre l'imputation
» des salaires de l'équipage. »

Nous avons vu que les marins contractent tantôt des
engagements à salaires fixes, tantôt des engagements à profits éventuels.

De même qu'on a soutenu que les engagements à profits
éventuels constituent non des contrats de louage de services,
mais des contrats de société, de même on a refusé aux
marins engagés à la part ou au fret le droit d'invoquer le
privilége de l'article 191-6°. La rémunération de ces derniers, a-t-on dit, n'est pas un loyer. Les matelots engagés
au fret ou au profit ont droit, non pas à un salaire, mais à
une part d'associés. Pothier (1) et, à sa suite, plusieurs
auteurs leur donnent l'action *pro socio* et leur refusent
par là même le privilége accordé pour le paiement des
salaires.

Nous n'avons pas adopté cette manière de voir.

Nous avons dit qu'en tous les cas le contrat d'engagement des marins constitue un louage de services, ce qui
nous conduit à déclarer que la rétribution qui leur est
allouée est un salaire et que les marins engagés à profits
éventuels peuvent, comme les autres, exercer le privilége
accordé aux gens de mer sur le navire, pour le recouvrement
de leurs loyers (2).

D'ailleurs, la loi ne fait aucune distinction. Partout où
elle parle de la rémunération due aux matelots, c'est par le
mot « loyer » qu'elle désigne cette rémunération. L'ar-

---

(1) Pothier, Louage des matelots, n° 229.
(2) De Valroger, I, n° 28. — Desjardins, I, n° 127. — Bédarride,
n° 70. — Bravard et Demangeat, IV, p. 37. — Cass. 28 novembre 1866, D. 66; 1, 500; 19 février 1872, S. 72, 1, 169.

ticle 260 parle même des « loyers des matelots engagés au fret. »

On a voulu (1) cependant tirer argument de l'article 260 en faveur du système que nous combattons.

En cas de naufrage, la loi ne traite pas de la même façon le marin engagé au mois ou au voyage et le marin engagé au fret ou à la part. Au premier seul appartient, en ce cas, le droit de se faire payer sur les débris du navire. N'est-ce pas reconnaître qu'à celui-là seulement la loi accorde un privilége sur le navire ?

Cet argument n'est pas décisif.

En présence d'un désastre commun (2), on conçoit que la loi ait privé les gens de mer engagés à profits éventuels d'un droit sur les débris, sans qu'ordinairement le privilége leur soit refusé sur le navire. Il est naturel qu'ayant consenti à courir les chances de la navigation, au lieu de stipuler un salaire fixe, ils subissent les conséquences d'un sinistre qui est venu rendre à peu près impossible tout bénéfice pour l'armateur (3).

Quel est, d'ailleurs, le but de la loi en accordant ce privilége ? N'est-ce pas, comme le dit un arrêt, d'encourager à la carrière de la marine; et ce motif n'indique-t-il pas lui-même qu'il s'applique aussi bien au matelot naviguant à la part qu'au matelot engagé au salaire argent ?

Aussi les tribunaux et la Cour de Cassation (4) n'hési-

(1) Dufour, I, 104. — Laurin sur Cresp, I, p. 95 et s.
(2) Lyon-Caen et Renault, I, n° 378.
(3) Danjon, n° 96.
(4) Saint-Nazaire, 25 juillet 1885, Rev. intern. de dr. m. 1885-86, p. 500. — Cass. 14 mai 1873, D. 74, 1, 105. — Nantes, 5 avril 1873, N. 73, 1, 209. — Nantes, 23 avril 1876, N. 76, 1, 303. — Ruben de Couder, V° Gens d'équipage, n°s 113 et s. — Alauzet, V, n°s 1788 et s.

tent pas à déclarer protégée par l'insaisissabilité la solde des marins, sous quelque forme qu'elle ait été stipulée, soit au mois, soit au voyage, ou moyennant une part proportionnelle dans les produits du fret ou de la pêche, quand bien même les marins sembleraient n'être que des associés en participation.

La Cour de Cassation (1) décide également que la disposition de l'article 262, qui donne au matelot malade ou blessé au service du navire le droit d'être payé de ses loyers, est applicable aussi bien aux matelots engagés à la part qu'à ceux engagés au voyage ou au mois.

Il faut en dire autant du privilége.

Dans tous les cas, la nature des services rendus n'est-elle pas la même, et le privilége n'a-t-il pas, par suite, dans tous les cas, la même raison d'être (2) ?

Les rédacteurs du projet de 1867 le pensaient ainsi quand ils accordaient expressément ce privilége aux marins, quel que fût le mode de rémunération de leurs services.

L'administration de la marine peut invoquer ce privilége comme les marins eux-mêmes (3).

Elle le peut quand elle réclame le paiement des salaires dus aux matelots, car, agissant au nom de ceux-ci, c'est leur action qu'elle exerce avec le privilége dont la loi l'a enrichie.

Elle le peut aussi quand elle se borne à revendiquer les

(1) Cass. 19 février 1872, D. 72, 1, 33.
(2) Lyon-Caen et Renault, I, n° 378.
(3) Cour de Bordeaux, 1er août 1855, D. 57, 2, 44. — Cass. 20 mai 1857, D. 57, 1, 249.— Desjardins, I, n° 128; III, n° 608, 686. — Ruben de Couder, V° Navire, 265. — De Valroger, I, p. 36 et s. — Alauzet, V, n° 1788 et s.

3 o/o qui lui sont dus comme retenue pour la Caisse des Invalides, ou la moitié des salaires des déserteurs qui doit lui faire retour.

Dans ce cas, en effet, si elle ne réclame pas la totalité des salaires, ce n'en est pas moins dans l'intérêt des gens de mer qu'elle agit et qu'elle poursuit le recouvrement d'une quote-part de ces salaires. Et précisément parce que les sommes versées à la Caisse des Invalides sont prélevées sur les salaires des matelots, elles font partie intégrante de ces salaires et doivent être privilégiées au même titre qu'eux (1)?

Au contraire, si l'administration de la marine faisait elle-même l'avance des loyers, l'action en remboursement qu'elle dirigerait contre l'armateur ne jouirait pas du privilége accordé par l'article 191-6°. Les tiers, en effet, ne sauraient invoquer les priviléges de l'article 191 à moins d'une subrogation légale ou conventionnelle (2). L'armateur, par exemple, qui fait des avances au navire en sa qualité d'armateur et de gérant des co-propriétaires n'a aucune action privilégiée pour le remboursement de ces avances (3).

Mais la subrogation est toujours possible.

Elle aura lieu de plein droit, conformément à l'article 1251 du Code Civil, si le prêteur qui paie les gens de l'équipage est un créancier hypothécaire du navire (4). La subrogation peut résulter de la convention expresse des parties, conformément à l'article 1250 du Code Civil.

(1) Aix, 13 août 1859, D. 60, 2, 86. — Cass. 20 avril 1860, D. 61, 1, 5. — Douai, 18 août 1865, H, 68, 2, 189. — Rennes, 24 déc. 1879, N. 80, 2, 8. — Caen, 30 juillet 1884, Rev. inter. de dr. marit. 1885-86, p. 28.

(2) Pardessus, n° 954. — Dalloz, V° Droit maritime, n° 257. — Bédarride, n° 106. — Dufour, n° 181.

(3) Rennes, 7 décembre 1876, N. 77, 1, 184.

(4) Rennes, 19 juin 1886, H. 86, 2, 78.

Il semble même que l'administration de la marine, agissant au nom des matelots, pourrait subroger le prêteur dans le privilége : cette faculté ne découle-t-elle pas logiquement du droit qu'a l'administration d'invoquer le privilége comme les marins eux-mêmes ? Il a été jugé (1) que celui qui fait, à la fin du voyage, les avances nécessaires pour liquider les salaires de l'équipage et libérer le rôle a un privilége sur le navire pour le montant de ses avances, dès que celles-ci sont constatées par un acte de reconnaissance de prêt, intervenu en présence du Commissaire de l'Inscription maritime.

Les gens de mer peuvent renoncer à leur privilége. Ce n'est pas douteux (2). Le décret du 4 mars 1852 énumère les différentes dispositions auxquelles il n'est pas permis de déroger. Or le privilége n'est pas compris dans les dispositions que le décret déclare d'ordre public.

Cette renonciation doit être certaine.

On la rencontre plus spécialement de la part du capitaine. On admet généralement que celui-ci est présumé renoncer à son privilége quand, contractant un emprunt à la grosse, il s'engage personnellement envers les prêteurs (3). Mais cet engagement personnel ne se présume pas. Le capitaine qui souscrit un emprunt à la grosse est réputé agir comme mandataire de l'armement et non personnellement (4). Les prêteurs à la grosse qui invoquent la renonciation du capitaine à son privilége doivent donc commencer par établir que celui-ci a contracté une obligation personnelle.

(1) Havre, 21 janvier 1880, H. 80, 1, 210. — Rouen, 21 février 1881, H. 81, 2, 144.

(2) de Valroger, I, n° 44.

(3) Cour de Rennes, 13 novembre 1886, Rev. intern. de dr. marit. 1887-88, p. 24.

(4) Nantes, 9 mars 1861, N. 61, 1, 124.

## § 2. — *Créances garanties par le privilége sur le navire*

Le privilége de l'article 191-6° ne garantit pas le paiement de tous les loyers qui peuvent être dus aux gens de l'équipage, mais seulement les loyers du dernier voyage.

On paraît d'accord (1) pour entendre, par dernier voyage, l'ensemble des traversées effectuées par le navire depuis son départ du port d'armement jusqu'à sa rentrée au port de désarmement. Cette solution n'est-elle pas indiquée par l'article 192, qui déclare que les priviléges pour les gages et loyers de l'équipage ne peuvent être exercés que s'ils sont justifiés par les rôles d'armement et de désarmement ? La raison et l'équité veulent que les gens de l'équipage, forcés de rester à bord pendant toute la durée de leur engagement, conservent pendant le même temps le privilége qui garantit le paiement de leurs salaires.

Nous ne saurions donc admettre, comme l'ont fait quelques tribunaux (2), qu'il faille entendre par dernier voyage, seulement la dernière traversée, c'est-à-dire le départ et l'arrivée constatés dans deux ports différents. Le dernier voyage comprend tout le temps pendant lequel a duré la communauté d'intérêts entre l'équipage, l'armateur et tous les autres intéressés à l'opération (3).

---

(1) Lyon-Caen et Renault, I, n° 315. — Delvincourt, I, n° 204. — Desjardins, I, n° 131. — De Valroger, I, n° 26.

Cass., 3 juin 1828, M. 1828, 2, 166.—Cass., 4 août 1857, D. 57, 1, 341. — 13 novembre 1871, D. 72, 1, 34 — Caen, 12 juillet 1824, M. 24, 2, 57. — Marseille, 9 avril 1862, M. 1862, 1, 130. — Rouen, 22 déc. 1879, H. 80, 2, 44. — Havre, 29 mars 1883, H. 83,1, 128.

(2) Nantes, 16 novembre 1861, N. 61, 1, 304. — Havre, 16 mai 1873, M. 1874, 2, 135.

(3) Bordeaux, 10 juin 1860, N. 1861, 2, 24.

En pratique, la question ne souffre pas de difficultés lorsque l'armateur, comme cela a lieu le plus souvent, s'engage lors de la confection des rôles « à représenter l'équi-
» page au commissaire de l'Inscription maritime ou au
» consul du port où le navire fera son désarmement. »
Cette clause, dit la Cour de Cassation (1), implique naturellement que le navire devra retourner au port d'armement et que le voyage ne sera terminé que par le fait de ce retour.

Aux termes du décret du 19 mars 1852, le rôle d'équipage, pour les marins engagés au cabotage, devant être renouvelé chaque année, ceux-ci ne seront jamais privilégiés pour les loyers gagnés antérieurement à la première année (2).

L'article 191-6° ne déclare privilégiés que les loyers des marins.

Or, tout est de droit étroit en matière de privilége, et il serait peut-être plus conforme aux principes de n'accorder aux marins le bénéfice de l'article 191-6° que pour le paiement de la somme d'argent ou de la part du fret ou profit qu'ils ont stipulées pour leurs salaires.

On s'accorde cependant à reconnaître que ce bénéfice s'étend à tout ce qui peut être considéré comme un supplément ou un équivalent de ces salaires.

L'extension du privilége aux sommes qui constituent un supplément de salaires se justifie pleinement.

Un supplément de loyer n'est qu'un loyer supplémentaire ; à ce titre, il ne faut pas hésiter à le déclarer privilégié, aux termes de l'article 191.

(1) Cass., 13 nov. 1871, D. 72, 1, 35.
(2) Nantes, 19 février 1873, N. 1873, 1, 221.

Tel est, par exemple, le chapeau du capitaine.

Il s'agit, bien entendu, du chapeau que peut devoir l'armateur personnellement et non du tant pour cent payé par l'affréteur en sus du fret (1). Le chapeau payé par l'affréteur n'est qu'un supplément de fret ; tandis que le chapeau dû par l'armateur au capitaine constitue bien un supplément de loyer.

Le capitaine pourra, pour en obtenir paiement, invoquer le privilége de l'article 191-6°. Rappelons toutefois que pour invoquer ce privilége, il faut justifier de sa créance au moyen des rôles d'armement et de désarmement arrêtés dans les bureaux de l'Inscription maritime. Le capitaine ne serait donc pas privilégié pour le paiement d'un droit de chapeau non mentionné sur le rôle d'équipage (2). C'est ce qui arrivera le plus souvent, car il n'est pas d'usage de porter au rôle le droit de chapeau.

Malgré l'autorité qui s'attache à une opinion adoptée par la plupart des auteurs (3), l'extension du privilége aux sommes qui peuvent être considérées comme l'équivalent des salaires ne me semble pas conforme aux principes.

Ces sommes sont versées aux marins pour les indemniser de la perte de leurs salaires ; ce ne sont donc pas des salaires. Comment alors les faire bénéficier des dispositions édictées par la loi en faveur des loyers ?

---

(1) Marseille, 19 juillet 1832, M. 34, 1, 257. — Aix, 21 novembre 1833, M. 1835, 1, 279.

(2) Marseille, 29 juillet 1858, M. 1858, 1, 297. — 13 juillet 1862, M. 1862, 1, 205. — Nantes, 19 février 1873, N. 73, 1, 221. — Havre, 28 août 1860, M. 1861, 2, 32.

(3) Desjardins, I, n° 128. — Dufour, 103. — De Valroger, I, n° 29. — Lyon-Caen et Renault, I, n° 379. — Bédarride, 74.

Par exemple, en cas de congédiement non justifié le matelot a droit à une indemnité. C'est le capitaine qui la lui doit, et le matelot ne peut y renoncer.

Le paiement de cette indemnité sera-t-il garanti par le privilége de l'article 191 ?

Il ne me semble pas que cette question puisse recevoir une réponse affirmative. Tout au moins faudrait-il distinguer entre ce qui peut être dû au marin à titre de loyer et ce à quoi il a droit à titre d'indemnité.

Ainsi lorsque le congédiement a lieu au cours du voyage, l'indemnité, dit l'article 270, est fixée à la totalité des loyers et aux frais de retour. La créance du marin sera privilégiée en tant qu'elle comprend les loyers gagnés par le marin jusqu'au jour du congé. Car c'est là vraiment une créance de loyers. Mais le surplus de sa créance ne saurait jouir du même privilége. Il n'y a plus de loyers lorsque le contrat de louage de services est rompu. Outre les loyers qu'il a gagnés, le marin réclame la réparation du préjudice que lui fait éprouver la rupture du contrat. Nous ne voyons pas que la loi ait accordé un privilége au marin pour le paiement de cette indemnité.

La distinction que nous établissons nous semble rationnelle. Le marin a, en quelque sorte, deux créances, provenant toutes deux de sources différentes : la créance des loyers découle de la convention des parties, tandis que c'est la loi qui consacre le droit du matelot à une indemnité ; c'est elle qui en détermine le montant, et qui enlève au marin le droit d'y renoncer.

Nous n'ajouterons pas que les loyers sont dus par l'armateur, tandis que la loi met l'indemnité due au matelot en cas de congédiement non justifié à la charge exclusive du capitaine (1). Cette disposition n'enlève pas aux gens de mer le droit de s'adresser à l'armateur; et d'ailleurs, un compromis passé entre l'armateur et le capitaine peut mettre à la charge de celui-ci le paiement des loyers, sans leur faire perdre leur caractère de loyers.

La doctrine et la jurisprudence (2) s'accordent également pour déclarer privilégiée, au même titre que les salaires, l'indemnité due à raison de la rupture anticipée de l'engagement.

On va même jusqu'à étendre aux frais de maladie, de retour et de rapatriement le bénéfice de l'article 191-6°. Ce sont là, dit-on encore, des accessoires de loyers (3).

Le droit aux soins et le droit de rapatriement paraissent cependant constituer des créances tout à fait distinctes de la créance des loyers, ayant des règles à part (4).

En ce qui concerne les frais de rapatriement, nous avons rappelé plus haut qu'ils sont dus à l'Etat autant et plus qu'aux marins eux-mêmes, et nous avons refusé de leur appliquer la prescription annale de l'article 433. Fidèle au même principe, nous ne croyons pas devoir les faire bénéficier d'une garantie édictée par la loi au profit des seuls loyers.

Nous en dirons autant des frais de maladie.

Ces frais ne sont ni un supplément de loyer, ni un équivalent des loyers. A quel titre les déclarer privilégiés?

Ils ne sont pas un équivalent des loyers, puisque le marin tombé malade pendant le voyage, ou blessé au service du navire continue à toucher ses salaires.

Et la loi, pour accorder un supplément de loyer au marin,

(1) Demangeat, IV, 44.
(2) Anvers, 23 mars 1879, Rec. d'Anvers, 79, 1, 201.
(3) Cass. 18 mai 1870, 70, 1, 247.
(4) Danjon, n° 878.

ne choisirait pas le moment où celui-ci, en vertu du droit commun, n'aurait droit à aucun loyer.

« Les loyers des matelots employés au dernier voyage seront payés par préférence à tous créanciers. »

Ainsi s'exprime l'ordonnance de 1681 (1).

Si le Code de 1807 n'a guère fait que reproduire les dispositions de l'ordonnance et les commentaires de Valin, en ce qui concerne la désignation et la classification des priviléges sur le navire, il a innové cependant sur un point. Afin d'arriver à fixer d'une manière précise la date des différentes créances, et d'en rendre le règlement plus prompt et plus facile, le Code a déterminé les formes suivant lesquelles doivent être constatées ces créances pour conserver leur caractère de créances privilégiées.

Nous avons eu déjà l'occasion de dire que les loyers de l'équipage doivent être constatés par les rôles d'armement et de désarmement arrêtés dans les bureaux de l'Inscription maritime. Ce mode de constatation ne peut être remplacé par aucun autre.

A défaut de cette justification dans les formes prescrites par l'article 192, les gages et loyers des gens de l'équipage cessent d'être garantis par le privilége sur le navire, encore qu'il n'existât ni doute ni contestation sur l'existence de la dette (2).

L'application de l'article 192-4° ne présente aucune difficulté lorsque le marin a stipulé un salaire fixe payable en argent. Cette créance pourra toujours être réglée par les

(1) Livre I, titre XIV, art. 16.
(2) Havre, 28 août 1860, D. 62, 3, 24. — Paris, 21 juillet 1865, M. 68, 2, 103. — Pau, 20 février 1888, Rev. intern. de dr. marit. 1888-89, p. 346.

rôles d'armement et de désarmement. Quand le marin a souscrit un engagement à profit éventuel ; quand il s'est engagé, par exemple, au fret ou à la part, il faudra, pour faire la liquidation de ses salaires, se reporter aux comptes des produits de la pêche, aux connaissements et aux chartes-parties. Mais c'est encore aux rôles d'armement ou de désar-mement qu'il faudra recourir pour savoir sur quelle base doit se faire cette liquidation. La créance du marin sera donc en ce cas également garantie par le privilége (1).

L'article 191 du Code de Commerce assigne le sixième rang au privilégè des marins sur le navire pour le paiement de leurs loyers. C'est le rang que leur attribuait Valin, après les frais de justice et de saisie, les gages du gardien, les loyers des magasins où auront été placés les agrès et apparaux, les frais de raccommodage des voiles, cordages, les droits de calage et d'amarrage.

Outre les lenteurs et les complications de procédure qui rendent difficile l'exercice de ce privilége, la perte du navire expose les marins à voir disparaître cette garantie du paie-ment de leurs loyers.

Si le navire n'est pas assuré, la perte est irrémédiable.

Dans le cas contraire, les marins, ainsi que nous l'avons dit plus haut, pourront exercer leur privilége sur l'indemnité d'assurance.

Encore doivent-ils, pour user de ce bénéfice et profiter de cette subrogation, ne pas attendre que l'assureur ait effectué le paiement de l'indemnité entre les mains de l'ar-mateur. Ce paiement fait de bonne foi libère les assureurs qui ne s'exposeraient à subir le recours des gens de mer que

(1) De Valroger, I, n° 34 ; — Lyon-Caen et Renault, I, n° 387.

dans le cas où l'indemnité serait versée au mépris d'une opposition.

---

**Privilége sur le fret**

---

## § I. — *Sur quoi porte ce privilége*

Mais le navire n'est pas seul grevé du privilége des gens de mer.

« Le navire et le fret, dit l'article 270, sont spécialement » affectés aux loyers des matelots. »

Si l'exercice du privilége sur le navire entraîne des complications et des lenteurs ; si la perte du navire non assuré, si le paiement de l'indemnité d'assurance avant opposition de la part des marins, font disparaître ce privilége, nous verrons que le privilége sur le fret n'offre trop souvent qu'une garantie absolument illusoire.

Le privilége sur le fret en faveur des marins se justifie de la même manière que le privilége sur le navire.

Si c'est aux services des marins qu'est due la conservation du navire dans le patrimoine de l'armateur, c'est grâce à eux, également, que ce patrimoine s'est enrichi du montant du fret. Le privilége des gens de mer sur le navire prime le privilége de tous les autres créanciers, à l'exception de ceux qui, depuis le retour du navire, ont contribué à en conserver ou à en augmenter la valeur. Ces principes, appliqués au privilége des marins sur le fret, conduisent à donner à ceux-ci la préférence à tous les autres créanciers pour la rémunération des services dont le résultat a été d'augmenter le gage commun.

La créance des marins est donc garantie par un double privilége portant, l'un sur le navire, l'autre sur le fret.

Et comme le privilége sur le navire, le privilége sur le fret peut être invoqué aussi bien par le marin engagé au fret que par celui qui a souscrit un engagement à salaire fixe (1).

Les marins qui réclament leur privilége sur le navire ne peuvent être renvoyés à se faire payer d'abord sur le fret, « parce qu'il est permis à un créancier qui a plus d'une voie » pour se procurer le paiement de son dû de prendre celle » qui lui plaît le plus, quelque intérêt qu'aient d'autres » créanciers à ce qu'il en choisisse une autre (2). »

Les marins peuvent également négliger leur privilége sur le navire et exercer seulement leur privilége sur le fret, car « il est loisible au créancier, dont le droit affecte plusieurs » objets, de laisser de côté quelques-uns d'entre eux, » et de concentrer ses poursuites sur les autres ; c'est là un » des avantages attachés au caractère de généralité de sa » créance (3). »

C'est, on le voit, l'application des mêmes principes, et ces principes sont adoptés par la généralité des auteurs (4).

L'article 259 décidait qu'en cas de naufrage les matelots devaient être payés d'abord sur les débris et subsidiairement

(1) Desjardins, III, no 662.

(2) Valin, sur l'art. 16, titre xiv, livre III de l'ordonn. de 1681.

(3) Rouen, 22 juillet 1873, D. 74, 2, 180

(4) Pardessus, no 944. Demangeat, IV, 48. — Dufour, I, no 112. — Desjardins, III, no 663. — de Valroger, I, 31. — Lyon-Caen et Renault, I, no. 381.

sur le fret. C'était juste l'inverse de la doctrine adoptée par Emerigon qui pensait que les marins devaient, en ce cas, se payer d'abord sur le fret. Cette doctrine a été consacrée par le Code à l'égard des marins engagés à la part.

Le fret affecté au paiement des loyers des matelots doit s'entendre de la somme brute du nolissement, sans déduction des frais d'armement, d'avitaillement, de mise dehors du navire (1). En effet, les sommes qu'un armateur emploie à la construction, à la réparation et au ravitaillement de son navire viennent s'ajouter à la valeur du navire lui-même. Elles font, comme lui, partie de sa fortune de mer. Elles sont, avec le navire, risquées par l'armateur dans les chances de la navigation et perdues pour lui avec le navire, si celui-ci vient à se perdre. On ne saurait admettre que l'armateur put se couvrir de ces pertes, dont le plus souvent il est garanti par les assurances maritimes, en s'emparant d'une partie de sa fortune de mer que la loi a spécialement affectée au matelot pour ses salaires. Ce serait permettre au débiteur de se rembourser de préférence à ses créanciers et à leur détriment.

Mais, et il importe de le remarquer, les marins n'ont aucun droit sur le fret payé à l'armateur. Leur privilége, c'est du moins la théorie admise par la presque totalité des auteurs et par la jurisprudence, ne porte que sur le fret dû. C'est seulement sur la créance du fret que le privilége peut s'exercer. Le fret encaissé par l'armateur se confond avec sa fortune de terre et échappe ainsi à l'action des gens de mer. Le fret cesse, en quelque sorte, d'exister dès qu'il est versé

(1) Rennes, 5 mars 1868, D. 70, 2, 195. — Rennes, 31 mai 1869, D 70, 2, 195. - Cass. 10 mai 1870, D. 70, 1, 323.

par l'affréteur entre les mains de l'armateur. Ce paiement effectué, le privilége s'évanouit. « Les sommes encaissées » par l'armateur, dit un jugement du tribunal de commerce » de la Seine, du 5 novembre 1866 (1), se sont confondues » avec le surplus de son avoir mobilier ; dès lors, il n'existe » plus d'objet sur lequel puisse s'exercer le privilége. »

Rien donc de plus précaire, rien de plus fragile que la garantie accordée aux gens de mer par le privilége sur le fret.

Les gens de mer n'ont-ils pas un moyen de rendre cette garantie un peu plus solide en s'opposant à ce que le fret soit versé à l'armateur ?

Ils pourront assurément, dans certains cas, faire pratiquer une saisie-arrêt entre les mains de l'affréteur. Mais cette saisie-arrêt ne sera pas toujours possible ; elle ne sera presque jamais efficace.

Si les loyers étaient toujours exigibles aux diverses époques où le fret peut le devenir, les marins pourraient peut-être, au moyen d'actes conservatoires, se mettre à l'abri des inconvénients graves résultant pour eux du paiement du fret.

Car il faut, quoi qu'en dise M. Filleau (2), reconnaître à ceux-ci le droit de faire des actes conservatoires au cours de leur engagement. La discipline ne saurait en souffrir, car les marins ont le capitaine pour chef hiérarchique et non l'armateur ; ils ne sont pas au service de celui-ci, ils sont au service du navire.

Mais nous avons vu que le salaire des marins n'est payable qu'au désarmement. C'est seulement à ce moment que leur

(1) D. 67, 2, 28.
(2) Filleau, p. 270.

créance devient liquide et exigible. Et si l'article 557 du Code de procédure civile accorde à tout créancier le droit de saisir-arrêter entre les mains d'un tiers les sommes et effets appartenant à son débiteur, ou de s'opposer à leur remise, la jurisprudence (1) déclare avec raison qu'on ne peut saisir-arrêter pour sûreté de créances non liquides ou pour lesquelles il y a compte à faire (2). Les gens de mer ne pourront donc faire pratiquer la saisie-arrêt entre les mains de l'affréteur qu'à la fin du voyage. A ce moment, il sera ordinairement trop tard, parce que l'armateur aura touché la plus grande partie, sinon la totalité de ce qui lui est dû par l'affréteur.

Les gens de mer ne peuvent cependant pas invoquer d'autres priviléges.

L'article 305 du Code de Commerce accorde à l'armateur un privilége sur les marchandises pour le paiement du fret. Les gens de mer pourront l'exercer en vertu de l'article 1166 du Code Civil. Mais l'exercice de ce privilége suppose toujours que le fret n'a pas été payé par l'affréteur. Ce paiement effectué ne leur laisse donc qu'une action personnelle contre l'armateur.

On ne peut, en effet, songer à faire bénéficier les gens de mer des dispositions de l'article 2101 du Code Civil (3) pas plus que de l'article 549 du Code de Commerce.

L'article 2101-4° du Code Civil déclare privilégiés sur la

---

(1) Cass. 10 décembre 1839.

(2) L'art. 1180, C. Civ., qui déclare que le créancier peut, avant que la condition soit accomplie, exercer tous les actes conservatoires de son droit, ne contredit pas cette solution, car la saisie-arrêt est plus qu'un acte conservatoire. Les gens de mer sont, d'ailleurs, créanciers à terme et non créanciers conditionnels.

(3) Trib. de Comm. de la Seine, 4 juillet 1865, D. 67, 2, 28.

généralité des meubles les salaires des gens de service pour l'année échue et ce qui leur est dû sur l'année courante.

D'abord, les gens de mer sont-ils des gens de service?

Ensuite, si on déclarait applicable aux gens de mer l'article 2101-4°, n'y aurait-il pas quelquefois conflit entre les dispositions de cet article et celles des articles 191 et 271 du Code de Commerce?

Enfin, et c'est encore la meilleure réponse, ces derniers articles ont réglé d'une manière complète et spéciale tout ce qui concerne les priviléges des gens de mer. Ils dérogent donc à leur égard aux dispositions générales applicables soit aux gens de service, soit même « aux ouvriers directement employés par le débiteur. »

Il faut en conclure que l'article 549 du Code de Commerce, modifié par la loi du 4 mars 1889, qui dispose que « le » salaire acquis aux ouvriers directement employés par le » débiteur, pendant les trois mois qui ont précédé l'ouverture » de la liquidation judiciaire ou de la faillite, est admis au » nombre des créances privilégiées au même rang que le » privilége établi par l'article 2101 du Code Civil, pour le » salaire des gens de service » doit demeurer étranger, aussi bien que l'article 2101 du Code Civil lui-même, au privilége des gens de mer.

Que le privilége des marins ne porte pas sur les primes à la navigation dues par l'Etat, ce n'est pas douteux.

Le principe selon lequel les priviléges sont de droit étroit ne permet pas de les faire porter sur d'autres objets que ceux qui ont été expressément visés par la loi. Le Code affecte le fret au paiement des loyers. Le privilége dont le fret est grevé ne pourrait grever les primes que si celles-ci pouvaient être considérées comme partie intégrante du fret. Les primes dues par l'Etat en vertu de la loi du 30 janvier 1893 ne sont pas un accessoire du fret (1). Le fret est dû par l'affréteur ; c'est le prix du transport des marchandises. La prime dont l'Etat s'est fait le débiteur n'est qu'un encouragement donné aux armateurs pour les aider à supporter les charges qui pèsent sur l'industrie des armements, et leur permettre de lutter avec avantage contre la concurrence étrangère.

La question est plus délicate en ce qui concerne les surestaries et les contre-surestaries.

La Cour de Cassation et la plupart des auteurs assimilent les surestaries au fret, dont elles ne sont, disent-ils, qu'un supplément (2).

Mais la Cour de Cassation admet en même temps que le fret est un loyer proprement dit, c'est-à-dire le prix de la location du navire.

Pour nous, le contrat d'affrétement n'est pas, en général, un contrat de louage, mais un contrat de transport.

Nous ne saurions donc dire que l'affréteur doit un supplément de loyer pour avoir joui du navire au delà du temps convenu. Ce n'est pas un supplément de loyer qu'il doit, mais une indemnité. Et de même qu'on ne doit pas accorder au fréteur, pour le recouvrement des surestaries, le privilége que la loi lui accorde pour le recouvrement du fret (3), on ne doit pas, non plus, reconnaître aux marins le droit d'exercer sur les surestaries le privilége que la loi leur donne sur le fret.

(1) Rennes, 29 juin 1885, Rev. intern. de droit marit., 1885-86, p. 34.
(2) Cass., 10 novembre 1880, D. 80, 1, 457. — 9 mars 1881, D. 81 1, 477. — Desjardins, III, n° 828. — De Valroger, I, nos 11, 701. — Laurin sur Cresp. II, 152.
(3) Trib. de Comm. d'Anvers, 28 août 1873, A. 73, 1, 366. — 18 février 1880, A. 80, 1, 123.

Cependant, sans assimiler les surestaries au fret, il faudrait leur appliquer les règles du fret, si telle était la volonté du législateur.

On prétend « qu'en réglementant le fret, le Code de » Commerce a entendu réglementer toutes les créances que » l'affrétement peut faire naître au profit du fréteur (1). »

On invoque à l'appui de cette opinion l'article 280 et l'article 308. Ces deux articles, dit-on, étendent à toutes les créances du fréteur le privilége du fret.

Il est vrai, en effet, qu'aux termes de l'article 308, le fréteur a sur les marchandises un privilége pour son fret et les avaries qui lui sont dus. Mais l'affectation dont parle l'article 280 est-elle bien constitutive de privilége (2) ?

§ 2. — *Examen de quelques conventions spéciales*

« Toute marchandise transportée par mer doit un fret, et » ce fret, formant l'une des sûretés affectées par la loi au » paiement des gens de l'équipage, ne peut leur être ravi » par les clauses particulières de la charte-partie (3). »

Tels sont les principes admis par la jurisprudence (4).

Cette manière de voir n'est pas à l'abri de critiques justifiées.

Toute marchandise transportée par mer doit un fret, si un fret a été stipulé dans la convention intervenue entre l'armateur et l'affréteur. Mais, ne peut-on pas, sans violer

(1) Danjon, n° 347.
(2) Nantes, 9 décembre 1876, N. 77, 1, 129.
(3) Cass., 10 juin 1879, S. 81, 1, 457.
(4) Marseille, 5 janvier 1830, M. 1830, 1, 222. — 18 juin 1866, M. 67, 1, 10. — Havre, 11 février 1867, H. 67, 1, 96. — Aix, 15 juillet 1867, M. 68, 1, 106.

l'ordre public, consentir à transporter gratuitement des marchandises ?

Aucune loi ne contient semblable prohibition. Il pourra donc arriver que l'affréteur ne doive pas de fret. Et si l'armateur transporte sur son navire des marchandises dont il est lui-même propriétaire, quel fret peut être dû ? De même, s'il emploie son navire à la pêche ?

Comment proclamer l'existence d'un privilége sur un fret qui n'existe pas ? N'est-ce pas pousser trop loin la faveur qu'inspire la situation des gens de mer ? « Cela revient, en » réalité, à attribuer aux gens de mer un privilége sur la » généralité des biens de l'armateur jusqu'à concurrence du » fret hypothétique du navire (1). »

On peut se demander, d'ailleurs, comment concilier l'exercice de ce privilége avec le principe admis par la jurisprudence et les auteurs, d'après lequel les marins n'ont pas de privilége sur le fret payé à l'armateur, parce que accorder, en ce cas, un droit de préférence, serait leur reconnaître un privilége sur la généralité des biens de l'armateur jusqu'à concurrence du fret encaissé.

Il est clair que, dans l'espèce, une saisie-arrêt entre les mains de l'affréteur ne sera d'aucune utilité. Quelle ressource restera-t-il aux gens de mer en dehors de leur action personnelle contre l'armateur ?

On dit que, pour l'équipage, quand il y a marchandise transportée, il y a fret, et que, lorsque l'armateur n'a pas reçu ou abandonné le fret, « c'est le chargeur qui le doit » *personnellement*, et la marchandise réellement durant une » quinzaine, si elle n'a pas passé en mains tierces (2). »

(1) Danjon, nº 880 *bis.*
(2) Fournier, III, p. 176. — V. aussi Alauzet, II, § 1870.

Nous avons reconnu aux marins le droit d'invoquer le privilége que les articles 305 et suivants accordent au fréteur sur les marchandises pour le paiement du fret. Mais ils ne le peuvent qu'en vertu de l'article 1166 du Code Civil et qu'autant que le fréteur le peut lui-même. Si donc celui-ci s'est interdit, par la convention, le droit de réclamer aucun fret, les marins ne le pourront pas non plus.

Nous supposons, on le voit, que la convention passée entre l'armateur et le chargeur est sincère et que le transport des marchandises est bien réellement gratuit.

Il pourrait en être autrement.

Il arrive, par exemple, qu'on stipule un franc pour tout fret, dans le but de dégrever les marchandises du privilége qui les frappe au profit du fréteur, et de faciliter ainsi la négociation des traites (1). Aux yeux des tiers, le fréteur n'est créancier que de un franc ; mais tel n'est pas le véritable chiffre de sa créance contre l'affréteur.

Cette stipulation ne saurait donc être opposée aux marins. La loi leur a donné un privilége sur le fret réellement dû par l'affréteur, et une convention à laquelle ils sont restés étrangers ne peut faire échapper à leur privilége la véritable créance du fret.

Il faut appliquer les mêmes principes à la convention qui ne donnerait droit à l'armateur à aucun fret d'aller. Si le navire périt avant d'effectuer le voyage de retour, peut-on affecter aux matelots un fret d'aller qui n'existe pas ? Non, assurément. Pourvu que le fret d'aller n'existe pas réellement, et que la gratuité du transport d'aller soit véritable (2). Et cela, quel que soit le chiffre stipulé comme fret de retour.

(1) Laurin, II, p. 89.
(2) Aix, 18 décembre 1876. — Cass. 20 juin 1879, D. 79, 1, 339.

La jurisprudence décide avec raison que le privilége sur le fret, auquel le contrat d'affrétement donne naissance en faveur des marins, constitue pour eux un droit acquis auquel le fréteur et l'affréteur ne peuvent porter atteinte. Toute modification aux conditions de l'affrétement faite en dehors de la charte-partie doit être considérée comme non avenue à l'égard des marins (1).

Il est parfaitement permis à l'armement et au chargeur de stipuler que le fret sera payable d'avance.

Il est vrai que cette convention prive complètement les marins de leur privilége sur le fret, si l'on admet, avec la jurisprudence, qu'une fois payé, celui-ci échappe complètement à l'action des gens de mer. Mais nous avons reconnu à l'armateur le droit de ne stipuler aucun fret, et cette convention, avons-nous dit, est opposable aux tiers. Il faut en dire autant, avec plus de raison encore, de la clause qui permet à l'armateur de se faire payer le fret d'avance. Aucun doute ne peut s'élever sur la validité d'une semblable convention que la loi même a prévue (2).

Il est évident, tout au moins, que l'affréteur, en payant le fret d'avance, d'après la convention intervenue entre lui et l'armateur, s'est valablement libéré et ne saurait être obligé de payer une seconde fois que s'il y a fraude.

Cette manière de voir n'est pas admise par tous les auteurs.

Les uns (3) déclarent que les marins ne doivent pas souffrir d'une clause qu'ils n'ont pu connaître, et que, par suite,

(1) Rouen, 8 février 1866, S. 66, 2, 223.

(2) Code de Commerce, article 302.

(3) De Valroger, II, nº 652. — Laurin, I, p. 100. — Valin, sur l'art. 15, tit. VI, liv. III, ordon. de 1681. — V. Génevois, N. 78, 1, 153. — Cass. 10 juin 1879, D. 79, 1, 340.

le chargeur ne pourrait se prétendre envers eux valablement libéré.

D'autres (1) enseignent que le gage des marins, ayant été détourné de son affectation spéciale pour augmenter la fortune personnelle de l'armateur, n'a pu être reçu par lui qu'affecté de la garantie qui le grève et doit, en conséquence, rester soumis à leur action privilégiée.

. Nous admettons pleinement cette opinion sur laquelle nous aurons l'occasion de revenir.

### § 3. — *A qui le privilége sur le fret est-il opposable?*

Le privilége sur le fret est opposable aux créanciers de l'armateur : cela va de soi.

Il sera opposable à l'affréteur lorsque celui-ci, pour quelque cause que ce soit, aura contre l'armateur des recours à exercer.

Et ceci est d'un grand intérêt pratique. Qu'on suppose, en effet, l'armateur redevable envers l'affréteur de dommages-intérêts à raison de retards dans le transport, de détériorations ou d'avaries arrivées aux marchandises. Si l'affréteur n'a pas encore payé le fret, il se trouvera à la fois créancier et débiteur de l'armateur. Il semblerait que la compensation pût s'effectuer. Il n'en sera rien, cependant. La compensation ne pourrait avoir lieu qu'au détriment des droits des gens de mer, et au mépris de leur privilége. En effet, l'équipage d'un navire a, pour ses salaires, de même que les fournisseurs pour leurs factures, un privilége sur le fret, et ce privilége prime celui qui compète à l'affréteur lui-même pour les dommages-intérêts qui pourraient lui

(1) Desjardins, III, n° 664.

être dus par l'armateur (1). Par conséquent, de ce que l'affréteur a droit à des dommages-intérêts, il ne s'ensuit pas
qu'il puisse garder le fret en mains au préjudice de créanciers qui lui sont préférables.

De même aussi, et pour la même raison, le consignataire
au profit duquel des billets de grosse auraient été souscrits
ne pourrait pas invoquer la compensation pour se dispenser de verser le montant du fret entre les mains du
capitaine (2).

Nous avons reconnu aux marins le droit d'exercer, en
vertu de l'article 1166 du Code Civil, le privilège accordé à
l'armateur sur les marchandises pour le paiement du fret.

C'est donc seulement le privilège des articles 304 et suivants qu'ils pourront opposer aux créanciers de l'affréteur,
comme le pourrait faire le fréteur lui-même. Ils ne sauraient
avoir plus de droits que lui, et n'échapperaient pas, par
exemple, aux déchéances opposables à l'armateur (3).

S'ils parviennent à faire rentrer le fret dans le patrimoine
de celui-ci, ils pourront exercer, à l'encontre des autres
créanciers de l'armement, le privilège que l'article 271 leur
concède.

Peu importe que l'armateur ne soit, en réalité, qu'un
affréteur principal. S'il tombe en faillite avant d'avoir reçu
du sous-affréteur le paiement de la somme stipulée comme
prix du transport des marchandises, les marins pourront
saisir-arrêter cette somme entre les mains du sous-affréteur.
Car, sur le fret, les marins doivent être préférés à tous les
autres créanciers.

(1) Marseille, 10 novembre 1870, M. 71, 1, 17.
(2) Marseille, 17 juillet 1872, M. 72, 1, 220.
(3) Cass. 20 mai 1857, D. 57, 1, 248.

Supposons un armateur qui ait transporté sur son navire ses propres marchandises. Il tombe en faillite, et ses créanciers font vendre les marchandises. Les matelots pourront-ils, du chef de l'armateur, exercer sur le prix le privilège des articles 304 et suivants, pour, ensuite, sur la somme ainsi obtenue, et de leur propre chef, exercer le privilège de l'article 271 ?

Non, assurément, puisque nous avons refusé de reconnaître aux marins le droit de se prévaloir du privilège de l'article 271, lorsque l'armateur a frété son navire gratuitement, ou qu'il transporte des marchandises qui lui appartiennent. A l'encontre du principe généralement admis par les tribunaux, que toute marchandise transportée doit un fret, nous avons émis l'opinion qu'il ne peut y avoir de privilège sur le fret, lorsqu'en réalité il n'y a pas de fret.

Dans l'espèce, les matelots ne peuvent se prévaloir ni de l'article 271, ni des articles 304 et suivants, puisqu'ils ne peuvent ni réclamer le paiement d'un fret qui n'est pas dû, ni exercer leur privilège sur un fret qui n'existe pas.

---

## SOUS-SECTION TROISIÈME

### Insuffisance de la garantie accordée au marin
### Remèdes proposés

§ I. — *La créance des loyers n'est pas suffisamment garantie*

On a vu combien est fragile la garantie résultant pour les marins de leur privilège tant sur le navire que sur le fret.

Le privilége sur le navire, outre qu'il vient en sixième rang, peut disparaître si le navire fait naufrage sans être assuré, ou si l'indemnité d'assurance est payée à l'armateur avant opposition de la part des marins. L'exercice de ce privilége entraîne des lenteurs, des complications et des frais.

Quant au privilége sur le fret, ce n'est trop souvent qu'une garantie absolument illusoire.

A quoi bon reconnaître aux marins le droit de faire pratiquer une saisie-arrêt entre les mains de l'affréteur, si cette mesure ne cesse d'être impossible que pour devenir inutile ? Et pourquoi parler de privilége sur le fret, si, faute de saisie-arrêt, l'exercice du privilége devient lui-même impossible ?

Les marins, en effet, ne peuvent pratiquer de saisie-arrêt avant l'arrivée au port de désarmement.

Ce n'est pas qu'ils aient à justifier de leur créance par les rôles arrêtés dans les bureaux de l'Inscription maritime. Pour l'exercice du privilége sur le fret, ils ne sont astreints à aucun mode spécial de preuve.

Mais c'est seulement au port de désarmement que leur créance devient liquide et exigible, et il est de principe qu'on ne peut saisir-arrêter pour une créance à terme; il est de jurisprudence qu'on ne peut saisir-arrêter pour sûreté de créances non liquides ou pour lesquelles il y a compte à faire.

C'est tout à fait le cas des marins.

Or, quand le navire désarme, il est ordinairement trop tard pour songer à conserver des droits sur le fret. Que reste-t-il, à ce moment, de la créance du fréteur contre l'affréteur? Rien ou presque rien, lors même que le fret n'aurait pas été stipulé payable d'avance. Il suffit que le navire ait effectué plusieurs traversées avant de rentrer au port de désarmement, et que le fret afférent à chaque traversée ait été payé à la fin de chacune d'elles.

Faut-il donc dire que les marins auront le droit de saisir le fret au début du voyage, ou, tout au moins, à la fin de chaque traversée accomplie par le navire?

Mais le remède serait pire que le mal. On ne peut recommander une solution qui serait la ruine du commerce maritime. Les marins ne pouvant être payés qu'au désarmement, c'est à ce moment-là seulement que ces oppositions pourraient être validées. Et pendant que les sommes saisies seraient ainsi immobilisées et rendues inutiles entre les mains des affréteurs et des consignataires, l'armateur se verrait contraint de contracter des emprunts onéreux pour solder les dépenses auxquelles ces sommes devaient faire face.

Quand on songe à l'intérêt qu'inspire au législateur la situation des gens de mer, et aux mesures qu'il prescrit pour leur assurer une juste rétribution de leurs labeurs, et qu'on voit, par ailleurs, le peu de garantie dont leur créance est entourée, on est bien forcé d'avouer que sur ce point spécial la loi est mal faite ou qu'elle est mal interprétée.

## § 2. — *Projets de loi soumis au Parlement*

On s'en tient généralement à la première opinion : la loi doit être réformée.

Le Code de Commerce, en ce qui concerne le privilége sur le fret, ne fait que reproduire les dispositions de l'ordonnance de 1681 (1).

Si les conditions de la navigation n'avaient pas changé et

(1) Livre III, titre IV, art. 19.

que les habitudes commerciales fussent les mêmes aujourd'hui qu'à la fin du XVII<sup>e</sup> siècle, il n'y aurait aucun inconvénient à obéir à une loi vieille de plus de deux cents ans. Une loi peut être vieille sans être vieillie.

Il n'en est pas ainsi.

L'ordonnance, en accordant aux marins un privilége sur le fret, consacrait une heureuse innovation et réalisait un véritable progrès. Les marins avaient droit à leurs salaires au fur et à mesure de leurs services et aucun mode particulier de paiement n'était imposé à l'armateur. A la fin du voyage, la créance des gens de mer n'était jamais bien considérable.

Leur situation devint déjà moins favorable après l'ordonnance de 1728 qui prescrivait des règles spéciales et restrictives de la liberté, dans le mode de paiement.

Ces règles avaient bien leur utilité puisqu'elles tendaient à mettre les matelots à l'abri des entraînements de toutes sortes auxquels les exposait l'éloignement de leurs familles. Mais, à la fin du voyage, le marin se trouvait créancier de la totalité de ses salaires, et n'avait toujours pour garantie que le privilége si fragile sur le fret.

Valin (1) signalait ainsi le danger qu'ils couraient : « Si » le fret a été payé au maître qui, au lieu de satisfaire les » gens de son équipage, ait appliqué ses deniers au paie- » ment de ses dettes particulières, il ne leur restera qu'une » simple action contre le maître, sans recours contre les » marchands chargeurs qui ont payé le fret à qui ils le » devaient, ni contre les créanciers qui ont été payés du » produit de ce fret... c'était aux matelots à prendre la » précaution de saisir le fret entre les mains des marchands » chargeurs qui le devaient. »

(1) Sur l'article 19, titre IV, livre III de l'ordonnance.

Depuis Valin, la situation n'a fait que s'aggraver.

La créance des marins, à l'arrivée au port de désarmement, est plus considérable qu'autrefois, car elle représente les salaires de, parfois, plusieurs années de navigation. Et la garantie résultant du privilège sur le fret est de plus en plus précaire, le fret étant bien plus souvent qu'autrefois payé d'avance, ou tout au moins à la fin de chacune des traversées effectuées par le navire.

Aussi, d'une part, le développement du commerce favorisé par la marine à vapeur, le nombre toujours plus grand des transactions commerciales produit par l'abaissement du fret, permettent à un navire d'accomplir de nombreuses traversées avant de rentrer au port de désarmement. Les loyers ne sont pas payés au cours de ces voyages et la créance du marin grossit.

D'autre part, la rapidité et la sécurité des traversées engagent l'affréteur à ne pas faire attendre le paiement du fret. Il le paie même d'avance ; ces paiements s'effectuent souvent au moyen de comptes courants et de compensation.

Il en résulte que plus la créance des marins mérite d'être protégée parce que la somme de travaux dont elle est la rémunération est plus grande, plus la garantie dont on l'entoure est inefficace et illusoire.

Les rédacteurs du projet de 1867 (1), dans le but de remédier à cette situation, déclaraient que : « Dans le cas de perte » du navire, et lorsque les frets auront été encaissés au » cours du voyage, les gages et loyers des matelots, depuis » le dernier rôle d'équipage, seront privilégiés sur la géné- » ralité des meubles, au même rang que les salaires des » gens de service et jusqu'à concurrence des frets encaissés. »

(1) Art. 273.

## I. — PROJET DU GOUVERNEMENT

Le 11 juin 1892, le gouvernement déposait un projet de loi dans le but de modifier et de compléter l'article 271 du Code de Commerce : « En cas de faillite, de liquidation » judiciaire ou de déconfiture du propriétaire du navire, le » privilége sur le fret s'exerce sur l'ensemble de ses meu- » bles, après les priviléges énumérés à l'article 2101 du » Code Civil. Ce privilége ne frappe les immeubles que » lorsqu'il a été inscrit, à la date de son inscription ; l'ins- » cription contiendra l'évaluation provisoire de la créance. »

La commission chargée d'examiner ce projet de loi lui adressa quelques critiques (1) dont voici les principales. Elles nous paraissent pleinement justifiées.

Tout d'abord, le projet du gouvernement ne prévoit pas le cas de perte du navire. Il serait pourtant fort utile de préciser les droits des marins sur l'indemnité qui peut être due par les compagnies d'assurance.

Le texte manque de précision. Sur quel fret portera le privilége ? L'action des marins sur les meubles de l'arma- teur sera-t-elle subordonnée à l'encaissement du fret ? Enfin, quels loyers seront garantis par le privilége sur le fret ? Ce privilége garantira-t-il le paiement de loyers anciens, alors même que le montant de ces loyers serait supérieur aux frets encaissés ?

Voilà certes des questions dont l'importance saute aux yeux et dont on peut regretter de ne pas trouver la solution dans le texte.

En revanche, on peut se demander pourquoi le texte

(1) V. rapport de M. Letellier, député. — Journal Officiel 1893, oc. parlem., Chambre, p. 280.

prévoit le cas de déconfiture du propriétaire, lequel sera, sauf peut-être de très rares exceptions, un commerçant.

On peut trouver également que le rang assigné au privilége des marins est insuffisant. Placé après les priviléges de l'article 2101, le privilége des marins prendra rang après celui des gens de service et des fournisseurs. Quelque digne d'intérêt que puisse être la situation de ces créanciers, il ne semble pas douteux que les gens de mer doivent leur être préférés.

Ajoutons aussi, avec M. Letellier, dont nous ne faisons guère que résumer le rapport, que l'exercice du privilége des marins a le caractère d'une restitution puisque le fret est dû, en grande partie, à leur travail et qu'on ne saurait reconnaître au privilége des autres serviteurs un fondement aussi légitime.

Enfin, dernière critique, le privilége sur les immeubles, que le projet de loi accorde aux marins, ne saurait se justifier. La faculté, pour les gens de mer, d'inscrire leur privilége sur les immeubles, est dangereuse, parce que les marins ne manqueront pas de prendre inscription à tous les voyages, sans que l'état des affaires de l'armateur soit de nature à éveiller les soupçons, et qu'il arrivera ainsi que les immeubles de l'armateur seront grevés de nombreux priviléges. Cette faculté est inutile si l'on veut ne l'accorder qu'en cas de faillite ou de liquidation judiciaire de l'armateur (1).

## II. — PROJET DE LOI PROPOSÉ PAR LA COMMISSION

La Commission, s'inspirant de ces motifs et du projet de 1867, a rédigé le texte suivant, dont l'adoption nous

---

(1) Art. 448 du Code de Commerce.

semble désirable, parce que, sans sacrifier les droits des autres créanciers, il accorde satisfaction aux intérêts légitimes des marins.

### Projet de loi pioposé par la Commission de la Chambre le 20 Mars 1893

« Le navire et les frets acquis pendant la durée de l'engagement de l'équipage sont affectés par privilége aux gages et loyers du capitaine et autres gens de l'équipage.

» En cas de perte du navire, lorsque le navire était assuré, les loyers du capitaine et autres gens de l'équipage seront privilégiés sur la généralité des meubles, suivant l'ordre déterminé par l'artice 191. Ce privilége prendra rang entre les nᵒˢ 3 et 4 de l'article 2101 du Code Civil, et pourra être exercé jusqu'à concurrence de l'indemnité encaissée.

» Lorsque les frets acquis pendant la durée de l'engagement auront été encaissés en cours de voyage, ou après l'arrivée du navire au port de désarmement, les gages et loyers du capitaine et des gens de l'équipage seront privilégiés sur la généralité des meubles; ce privilége prendra rang entre les nᵒˢ 3 et 4 de l'article 2101 du Code Civil, et pourra être exercé jusqu'à concurrence des frets encaissés. »

§ 3. — *L'article 271 crée-t-il bien un privilége sur le fret ?*

Certains auteurs, avons-nous dit, prétendent qu'il faut chercher le remède à la situation présente, non dans la réforme de la loi, mais dans la réforme de la jurisprudence.

Les arguments invoqués à l'appui de cette opinion ne manquent pas de force.

Au cours de son rapport, M. Letellier disait : « Cepen-
» dant, le fret, qui s'est confondu dans le patrimoine de
» l'armateur avec ses autres biens, peut n'avoir pas dis-
» paru : il a augmenté la masse active du débiteur failli ou
» en liquidation. Les marins n'ont-ils pas un droit de
» préférence sur cette masse jusqu'à concurrence du fret
» encaissé ? Cette somme, qui avait une affectation spéciale
» avant d'être payée à l'armateur, ne doit-elle pas la con-
» server et demeurer le gage des salaires qu'elle garantis-
» sait ? Le fret, dû en grande partie aux services des marins,
» va-t-il leur échapper et profiter à d'autres créanciers ? Ne
» peuvent-ils pas invoquer un droit exclusif ? »

Cette prétention semble bien légitime.

Ne peut-on pas ajouter qu'elle est conforme à la loi ?

La jurisprudence dit que l'article 271 accorde aux gens de mer un privilége ; que ce privilége porte sur la créance du fret ; et que le fret payé, la créance s'éteint et le privilége s'évanouit (1).

Nous ne croyons pas que l'article 271 parle de privilége.

Il donne seulement au fret une affectation spéciale (2).

Cette affectation spéciale est donnée non à la créance du fret, mais au fret : « le fret est affecté... » Le fret, c'est-à-dire le prix du transport des marchandises, la somme due ou payée par l'affréteur à l'armateur. Le prix payé est aussi bien le fret que le prix encore dû. Si la somme payée par

(1) Trib de Comm. de la Seine, 4 juillet 1865. — Paris, 6 novembre 1866. — Brest, 8 mai 1886. — Rennes, 9 mai 1887. — Cass. 25 avril 1886.

(2) V. l'art. de M. Génevois, dans la Revue intern. de dr. marit. 1886-87, p. 221.

l'affréteur est le fret, c'est bien le fret que reçoit l'armateur. Si cette somme n'est pas encore sortie du patrimoine de l'affréteur, c'est là qu'il faut la chercher ; c'est là qu'on l'atteindra par une saisie-arrêt qui empêchera ce fret d'être détourné de son affectation spéciale. Cette somme a-t-elle été, au contraire, encaissée par l'armateur, nul doute que l'affréteur ne se soit bien et valablement libéré. Il ne connaît pas les marins ; il ne leur doit rien ; ce n'est pas à lui, c'est à l'armateur que la loi a prescrit d'affecter le fret au paiement des loyers. L'armateur, disons-nous, a encaissé le fret. Le fret est donc entré dans son patrimoine ; il y est entré grevé d'une affectation spéciale. L'armateur n'est pas libre d'en faire l'usage qu'il veut.

A quoi donc doit servir le fret ?

Il doit servir à payer les marins. Il n'appartient pas tout entier à l'armateur. Du jour où son patrimoine s'est enrichi du montant du fret, l'armateur est, plus qu'avant, débiteur des loyers. Il l'est parce qu'il a engagé les marins ; il l'est parce qu'il a encaissé une somme d'argent que la loi destine au paiement des loyers. En un mot, les loyers se paient sur le fret. Si le fret n'a pas été payé, les marins sont des créanciers ordinaires, et au cas où l'armateur serait en faillite, ils viendraient au marc le franc avec les créanciers chirographaires, sauf leurs droits contre le débiteur du fret. Leur situation change, si le fret a été touché par l'armateur, car ce fret leur appartient à eux et non aux autres créanciers, jusqu'à concurrence de leurs loyers, puisque le fret est affecté au paiement des loyers.

Si, après avoir encaissé le fret et payé les marins, l'armateur tombe en faillite, dira-t-on que ce paiement a été fait au détriment de la masse ? Non, car en faisant ce paiement l'armateur s'est conformé à la loi; il a fait, de la somme encaissée, l'usage prescrit par l'article 271.

Si la faillite précède le paiement des marins, ceux-ci pourront prélever, avant tous autres, sur le patrimoine de l'armateur et jusqu'à concurrence du fret encaissé, une somme égale au montant de leurs loyers. Pourquoi ? Parce que la somme touchée par l'armateur pour prix du transport des marchandises doit être consacrée au paiement de leurs loyers. Pour devenir le gage commun des créanciers, il faudrait qu'elle fût la propriété définitive (1) de l'armateur; qu'elle lui appartînt sans condition.

Qu'objecte-t-on ?

On (2) semble oublier que le système que nous venons d'exposer est plus favorable aux marins que celui de la jurisprudence, et sans dire par quoi ce système remplace le privilége sur le fret, on constate qu'il le supprime, et que les droits des gens de mer, si dignes d'intérêt cependant, sont sacrifiés.

Puis l'on s'efforce de démontrer l'existence du privilége sur le fret : « L'article 271 (3) parle à la fois du navire et » du fret. Si ce qu'on allègue était exact, il n'y aurait au » profit des gens de mer de privilége proprement dit ni sur » le fret, ni même sur le navire. Or, en ce qui concerne » le navire, la garantie accordée aux gens de mer est quali- » fiée de privilége par l'article 191-6° du Code de Com-

---

(1) Cour d'Aix, 19 décembre 1866, M. 67, 1, 36. — Marseille, 15 novembre 1866, M. 67, 1, 36.

(2) Lyon-Caen et Renault, I, n° 380.

(3) Lyon-Caen et Renault, loc. cit. — Le texte porte : « L'article 191-6° ». C'est sans doute une erreur typographique. Outre que l'argument des savants auteurs n'aurait plus de sens, il est certain que l'art. 191-6° ne parle pas du fret, mais seulement du navire.

15

» merce. La vérité est que l'article 271 ne fait que rappeler
» la disposition de l'article 191-6°, en ajoutant la créance
» du fret au navire comme objet du privilége des gens de
» mer. »

A quoi l'on peut répondre que l'existence du privilége
sur le navire ne saurait être mise en doute, puisque l'article
191 le mentionne expressément. Mais il n'en est pas de
même du privilége sur le fret dont la loi ne parle nulle part.

Le Code de Commerce ne parle pas de privilége sur le
fret, encore moins de privilége sur la créance du fret.

. Il donne simplement au fret, c'est-à-dire à la somme due
ou payée comme prix du transport des marchandises, une
affectation spéciale. Il prescrit à l'armateur, créancier du
fret, débiteur des loyers, d'employer ce fret au paiement
des loyers.

Il est remarquable, d'ailleurs, que la théorie de l'affectation spéciale est admise par plusieurs auteurs (1) dans certaines hypothèses particulières.

Quand le fret a été payé d'avance, par exemple, ils admettent que le droit des marins sur le fret n'est pas éteint
par le paiement, et qu'en plus de leur action personnelle
contre l'armateur, les gens de mer conservent un droit de
préférence sur la somme encaissée par l'armateur. Pourquoi
ne pas généraliser une solution si conforme aux principes et
à l'équité ?

Ne peut-on pas aussi reconnaître l'adoption du même
principe, dans cet arrêt de la Cour de Rennes (2) que nous
avons cité déjà, qui déclare que si le navire grevé du pri-

---

(1) Desjardins, III, n° 664. — V. aussi de Valroger, II, n° 656. —
Nantes, 1 mai 1878, N. 78, 1, 153.

(2) Rennes, 26 janvier 1885, N. 86, 1, 285.

vilége des gens de mer disparaissait par suite d'abordage et que l'armateur fût indemnisé par l'aborbeur de la perte de son navire, et du préjudice que lui causait cette perte, l'indemnité remplaçait le navire et n'entrait dans le patrimoine de l'armateur que frappée du même privilége.

# CHAPITRE SECOND

## MESURES DE PROTECTION DES SALAIRES

---

### SECTION PREMIÈRE

#### Insaisissabilité des salaires

---

### § I. — *Origine de l'insaisissabilité. — Quels salaires elle protège*

Les salaires des marins sont insaisissables et incessibles.

A quoi eussent servi les mesures de protection dont le législateur entourait la créance des gens de mer, si les créanciers de ceux-ci avaient pu, par une saisie-arrêt, s'opposer au paiement des loyers ?

La défense faite au capitaine de consentir des avances et de payer des acomptes en dehors de certaines conditions déterminées; l'obligation imposée à l'armateur de ne payer les salaires qu'au port de désarmement; la présence obligatoire du commissaire de l'Inscription maritime à ce paiement; enfin le privilége des marins sur le navire et sur le fret : toutes ces mesures de précaution eussent été inutiles, si le principe de l'insaisissabilité des salaires n'était venu les compléter et leur donner leur couronnement naturel. On peut même affirmer que, sans l'insaisissabilité des salaires, toutes ces mesures, si sages en elles-mêmes, se retournaient contre ceux en faveur de qui elles étaient édictées, puisqu'en fortifiant leur crédit, elles les amenaient à contracter des dettes, et les laissaient exposés à devenir la victime des créanciers sans scrupules détournant à leur profit les ressources destinées à faire vivre la famille des marins.

L'ordonnance de 1681 ne prescrivait pas cette insaisissabilité.

Il en résultait de graves abus. Les marins exposés à toutes sortes d'entraînements, éloignés de leurs familles, enclins peut-être à cause de cela à oublier combien impatiemment leurs salaires y étaient attendus, dissipaient follement en dépenses inutiles, souvent nuisibles, le fruit de leur labeur.

On avait cru remédier à cette situation en prescrivant des règles spéciales pour le paiement des salaires, en défendant notamment d'en verser le montant aux marins en cours de voyage.

Mais l'insuffisance de cette mesure apparut bientôt.

A défaut d'argent, les marins conservaient leur crédit.

Qu'importait aux fournisseurs d'attendre un peu, puisqu'ils étaient sûrs, au moyen d'une saisie-arrêt, de rentrer dans leurs avances?

L'ordonnance du 1er novembre 1745 vint heureusement mettre fin à ces déplorables abus.

Voici en quels termes cette ordonnance est conçue :

« Défent Sa Majesté à tous particuliers et habitants des » villes maritimes qui se prétendront créanciers des mate- » lots, de former, par raison des dites créances, aucune » action ni demande sur le produit de la solde que les dits » matelots auront gagnée sur les bâtiments marchands, à » moins que les sommes prétendues par les dits créanciers » ne soient dues par des matelots ou leurs familles pour » des loyers de maison, subsistance ou hardes qui leur

» auraient été fournies, du consentement des commissaires
» de la marine ou les autres officiers chargés du détail des
» classes, et qu'elles n'aient été apostillées par les dits
» officiers sur les registres ou matricules des gens de mer ;
» au défaut de quoi, les dits créanciers ne pouvant, sous
» quelque prétexte que ce puisse être, réclamer la solde
» des matelots et pouvant seulement avoir recours sur leurs
» autres biens et effets. »

Cette ordonnance si sage fut cependant vivement critiquée. Plus de vingt ans après sa promulgation, certains
tribunaux refusaient encore d'en faire l'application. Un arrêt
du Conseil (1) tenu à Versailles, le 10 mai 1767, constate
qu'une sentence de l'amirauté de Grandville, du 20 décembre 1766, est directement contraire à l'ordonnance du
1er novembre 1745, et casse ladite sentence.

Les dispositions de l'ordonnance furent étendues aux
parts de prises des marins qui furent, comme les salaires
proprement dits, déclarées insaisissables par l'article 111 d'un
arrêté du 2 prairial an XI (2) qui reproduit les termes mêmes
de l'ordonnance.

Non seulement ce texte est encore en vigueur aujourd'hui,
mais il n'est pas permis aux marins de renoncer au bénéfice
de ses dispositions depuis que le décret-loi du 4 mars 1852,
mettant les marins en garde contre leur propre faiblesse, et
poursuivant celle-ci jusqu'en ses derniers retranchements, a
déclaré d'ordre public l'ordonnance de 1745.

Les auteurs et la jurisprudence sont d'accord pour déclarer
que les habitants des villes maritimes ne sont pas seuls
privés du droit de saisir-arrêter le salaire des gens de mer.

(1) Recueil d'édits, arrêts, etc., vol. CIII, p. 213.
(2) Et par le règlement du 17 juillet 1816.

L'ordonnance a statué *de eo quod plerumque fit* et l'expression qu'elle a employée est purement énonciative.

Nulle raison, en effet, de distinguer. Il faut considérer comme ville maritime, dit un arrêt de cassation du 27 décembre 1854 (1), toutes les localités comprises dans un arrondissement maritime.

Les dispositions de l'ordonnance s'appliquent, dit aussi le même arrêt, hors les cas spécialement déterminés, à toutes créances « quelle qu'en soit la nature et la cause ». On ne peut donc pas plus mettre en sûreté, au moyen d'une saisie-arrêt, ce que le marin peut devoir pour fournitures à lui faites que ce dont il peut être redevable à titre de prêt.

A cette règle, l'ordonnance prend soin d'indiquer elle-même quelles sont les exceptions, c'est-à-dire quels créanciers ont le droit de faire pratiquer une saisie-arrêt entre les mains de l'armateur ou du capitaine, et quelles conditions doivent remplir leurs créances pour qu'ils puissent exercer ce droit de saisie.

Ces créanciers sont d'abord ceux qui ont fourni aux matelots ou à leur famille le logement, la nourriture et le vêtement; toutes choses, on en conviendra, de première nécessité, et pour lesquelles il était utile de laisser au matelot quelque crédit.

Ces créances, si légitimes dans leur cause, doivent être contractées du consentement des commissaires de la marine et apostillées par eux sur le rôle.

Par le moyen des *délégations*, les gens de mer peuvent faire verser directement à leurs familles une partie de leurs loyers.

Ils doivent alors, au moment de la revue du départ, décla-

(1) D. 55, 1, 56.

rer au commissaire de l'Inscription maritime quelle portion de leurs salaires ils entendent déléguer.

Les capitaines peuvent déléguer, s'ils le veulent, la totalité de leurs salaires ; les officiers, la moitié au plus ; les autres hommes de l'équipage, seulement le tiers. La quotité déléguée est inscrite immédiatement sur le rôle d'équipage à l'article de chacun des déléguants (1).

Des délégations d'office peuvent être pratiquées sur la solde des gens de mer par l'administration de la marine (2), dans les circonstances prévues par les articles 203, 205 et 214 du Code Civil, lorsque les gens de mer se trouvent tenus d'une dette alimentaire.

Au moment de leur renvoi dans leurs quartiers ou de leur radiation des rôles d'équipage, les marins de l'Etat peuvent se trouver ses débiteurs. C'est par des retenues opérées sur les salaires de ces mêmes marins employés au commerce que l'Etat se fera payer. En effet, l'article 377, § 1 du décret du 11 août 1856 dispose que : « lorsqu'un marin en débet » se livre à la navigation du commerce ou à la pêche, le » commissaire de l'Inscription maritime fait apostiller la » dette sur le rôle d'équipage du navire sur lequel le marin » est embarqué, et fait opérer les retenues au fur et à » mesure du paiement des salaires. »

### § 2. — *Qui peut invoquer l'insaisissabilité ?*

#### I. — HOMMES DE L'ÉQUIPAGE

« L'insaisissabilité, établie pour la solde des matelots » engagés sur des bâtiments de commerce, s'applique à la

(1) Arrêté ministériel du 22 mars 1862.
(2) Règlement du 17 juillet 1816.

» solde des matelots engagés sur un bâtiment de pêche.
» Est comprise dans le mot solde, et protégée par le prin-
» cipe de l'insaisissabilité, toute rémunération promise au
» matelot comme prix de son travail à bord, sous quelque
» forme qu'elle soit stipulée, au fret, au profit, ou moyen-
» nant une part proportionnelle dans les produits du fret
» ou de la pêche. Il en est ainsi spécialement de la part de
» produits attribuée au matelot dans les associations en
» participation entre le patron et les matelots engagés pour
» la pêche. »

Ainsi s'exprime un arrêt de la Cour de Cassation du
14 mai 1873 (1), cassant un jugement contraire du Tribunal de Boulogne.

Tous les matelots, sans exception, quel que soit leur
mode d'engagement, peuvent donc invoquer le bénéfice de
l'insaisissabilité.

Refuser aux marins engagés au fret ou au profit le bénéfice de l'insaisissabilité, sous prétexte que le contrat qu'ils
ont signé n'est pas un louage, mais un contrat de société,
c'est méconnaître les intentions du législateur et se mettre
dans l'obligation de leur refuser le droit de se prévaloir de
l'article 304-2° (2).

## II. — OFFICIERS ET CAPITAINES

L'insaisissabilité des salaires n'est pas édictée en faveur des
seuls matelots.

L'ordonnance de 1745 ne semblait vouloir protéger que
ceux-ci. Le Tribunal de Cassation rendait un arrêt, le
11 ventôse an IX, déclarant que ce serait étendre le pri-

(1) D. 74, 1, 105.
(2) Desjardins, III, n° 672, p. 189.

vilége accordé à la solde des matelots, que de l'appliquer aux traitements des capitaines de navire.

Malgré le règlement du 17 juillet 1816, qui avait substitué au mot de « matelot » celui de « marin », M. Pardessus (1) et quelques tribunaux persistaient à penser que l'insaisissabilité devait être rigoureusement limitée « aux gens de mer » qu'on nomme matelots, c'est-à-dire aux personnes em- » ployées à la manœuvre du navire sous les ordres du » capitaine, du pilote et des officiers mariniers ; et qu'on ne » pouvait, sous aucun prétexte, l'étendre à ces derniers. »

La question ne saurait faire de doute à présent, depuis que le décret-loi du 4 mars 1852 a dit que les dispositions de l'ordonnance de 1745 sont applicables à tout marin faisant partie de l'équipage d'un navire de commerce (2).

Les salaires du capitaine et des officiers sont donc insaisissables comme ceux des matelots.

Que penser des décisions rendues par un certain nombre de tribunaux (3) qui, tout en reconnaissant le principe de

(1) Pardessus, 4e édition, tome III, no 701, p. 151. — Aix, 3 juin 1829, Dall. J. G. Vo dr. marit., no 356. — Aix, 24 janvier 1834, M. 1834, 1, 178.

(2) De Valroger, II, no 659. — Lyon-Caen et Renault, I, no 395. — Desjardins, III, no 673. — Trib. Civ. du Havre, 10 mars 1887, Rev. intern. de droit marit. 1887-88, p. 44. — Rennes, 13 juin 1889, D. 1891, 2, 11. — Contra : Trib. de Com. du Havre, 29 avril 1869, D. 70, 3, 77. — Trib. de Com. de Marseille, 11 juillet 1854, M. 54, 1, 217. — Trib. Civ. de Marseille, 26 juin 1878, journal des avoués, 1878, p. 330. — Bédarride, II, nos 426, 427. — Bravard et Demangeat, IV, p. 199.

(3) Marseille, 6 juin 1860, M. 1861, 1, 50. — 24 mars 1863, M. 1863, 1, 99. — 4 juillet 1870, M. 70, 1, 229. — 17 juillet 1872, M. 1872, 1, 219. — 21 août 1873, M. 1873, 1, 303. — 12 novembre 1878, M. 1879, 1, 33. — V. aussi : Nantes, 22 avril 1876, N. 76, 1, 303.

l'insaisissabilité des salaires du capitaine, accordent à l'armateur le droit d'en différer le paiement jusqu'à ce que le capitaine ait rendu ses comptes ? N'y a-t-il pas dans ce droit reconnu à l'armateur la négation même du principe de l'insaisissabilité ?

Avant l'apurement des comptes, on ne saurait parler de compensation. Deux dettes se compensent si elles sont également liquides et exigibles. La créance du capitaine contre l'armateur est bien liquide et exigible ; mais celle de l'armateur contre le capitaine n'est ni certaine quant à son existence, ni déterminée quant à sa quotité. La compensation ne saurait donc s'opérer. Pourquoi alors permettre à l'armateur de retarder le paiement des salaires ?

Dira-t-on que l'apurement des comptes peut l'établir créancier du capitaine, déterminer le chiffre de sa créance et rendre par là même la compensation possible entre deux dettes, toutes deux liquides et toutes deux exigibles ? On oublie que les salaires du capitaine sont insaisissables, c'est-à-dire qu'ils ne peuvent, contre le gré du capitaine, servir au paiement de ses créanciers. « Les motifs qui ont porté » le législateur à mettre un débiteur à l'abri de la saisie » exigeaient qu'il le mît aussi à l'abri de la compensation. » La compensation étant un paiement réciproque ne doit » pas pouvoir se produire toutes les fois que l'une des parties ne pourrait pas être contrainte à un paiement effectif. » Ce motif s'applique non seulement aux dettes d'aliments » déclarées insaisissables, mais d'une manière générale à » toutes les dettes ayant pour objet des choses insaisissa-» bles (1). »

Aussi faut-il décider que les salaires du capitaine doi-

---

(1) Baudry-Lacantinerie, Précis de droit civil, II, n° 1122 *in fine.*

vent rester en dehors de ses comptes avec l'armateur (1).

Dira-t-on (2) que : « le capitaine, comme mandataire de
» l'armement, n'a droit à ses salaires qu'après l'apurement
» de ses comptes ; — qu'avant d'être insaisissables, il faut
» que les salaires soient acquis ; et que les propriétaires du
» navire sont autorisés à les faire entrer en compensation
» avec les sommes mises à la charge de l'armement par la
» faute du capitaine ? » Ou encore (3) : « que le capitaine
» est mandataire, par conséquent comptable ; que tout
» comptable est réputé débiteur jusqu'à l'apurement de sa
» comptabilité ; qu'il serait injuste et dangereux d'obliger
» l'armateur à payer des salaires avant qu'il soit reconnu
» qu'ils ont été gagnés et que le capitaine ne s'en est pas
» payé lui-même ? »

Le capitaine est mandataire de l'armement : c'est vrai.
Mais ses salaires en sont-ils moins insaisissables ? Ne décou-
lent-ils pas du contrat d'engagement plutôt que de la manière
dont le mandat a été accompli ?

Le système que nous combattons crée au profit de l'armateur un privilége sur le salaire du capitaine.

La cour de Rouen (4), dans un arrêt du 2 août 1873,
enjoint à l'armateur de verser le montant des salaires dus au
capitaine à l'administration de la marine, avec obligation
pour celle-ci de conserver les salaires jusqu'à l'apurement
des comptes.

(1) Nantes, 7 novembre 1866, N. 66, 1, 366. - 29 juin 1881,
N. 81, 1, 149.

(2) Havre, 21 avril 1867, N. 67, 2, 147.

(3) Marseille, 18 mars 1831, M. 1831, 1, 175.

(4) M. 75, 2, 75. — Marseille, 21 août 1873, M. 73, 1, 303. — Bou-
logne-s/-mer, 9 novembre 1886, Revue inter. de dr. marit., 1886-87,
p. 674.

Cette mesure ne présente aucun avantage pour l'armateur, s'il ne peut pratiquer une saisie-arrêt entre les mains de l'administration.

Nous ne croyons pas qu'il y ait lieu de distinguer entre les loyers proprement dits et le chapeau (1), s'il a été porté au rôle d'équipage. Dans ce cas, en effet, le chapeau doit être soumis aux mêmes règles que le loyer lui-même dont il est un supplément, et comme tel il échappe à toute retenue de la part de l'armateur (2).

### 3. — EMPLOYÉS CIVILS

· Le décret de 1852, avons-nous dit, déclare les dispositions de l'ordonnance de 1745 « applicables à tout marin » faisant partie de l'équipage d'un navire de commerce. »

Le capitaine, les officiers et les matelots sont des marins, mais ils ne sont pas seuls nécessaires à l'équipement régulier d'un navire. Dans certains cas, la présence à bord de chirurgiens est indispensable ; l'emploi de pilotes est obligatoire. On conçoit également qu'un navire affecté au transport de passagers exige un personnel tout spécial. Les paquebots de la compagnie transatlantique, par exemple, ont besoin non seulement de marins pour la conduite du navire, mais d'un nombreux personnel employé au service des passagers.

On s'est demandé si tous ces employés pouvaient être qualifiés de « marins faisant partie de l'équipage » et si, partant, leurs salaires étaient insaisissables.

Le tribunal civil du Havre eût à examiner cette question et lui donna une réponse affirmative (3).

---

(1) Il s'agit ici, bien entendu, du chapeau payé par l'armateur.

(2) Havre, 2 août 1877, M 78, 2, 191.

(3) Havre, civil, 29 avril 1869, D. 70, 3, 77. — Le même tribunal a jugé, le 18 août 1858, que l'insaisissabilité ne s'étend pas aux salaires des pilotes côtiers. D. 59, 2, 157.

Voici quelle était l'espèce soumise au tribunal : Une convention passée entre le Ministre des finances et la Compagnie générale maritime, le 20 octobre 1860, approuvée par la loi du 3 juillet 1861, avait imposé à cette compagnie un personnel spécial indispensable à son équipement ; — aux termes de l'article 4 de cette convention, l'équipage de chaque paquebot devait comprendre, outre les officiers, maîtres d'équipage, matelots, etc., certains employés civils déterminés par le cahier des charges et parmi lesquels figuraient plusieurs domestiques, une femme de chambre, un cuisinier et ses aides.

Le tribunal n'hésite pas à déclarer insaisissables les salaires de ces employés civils. « La loi a voulu, dit-il, assurer le » service de la marine, même à l'égard des navires de com- » merce, et leur permettre de trouver facilement les hommes » indispensables à la composition de leur équipage. Il pou- » vait être à craindre que certains individus refusassent de » s'embarquer si leur travail devait rester sans rétribution » par suite de la saisie de leurs salaires. Pour rentrer dans » l'esprit de la loi, on doit comprendre sous la dénomination » de marins tous les hommes nécessaires à son équipement » régulier et recevant leurs salaires des chefs ou propriétaires » du navire. »

Nous ne croyons pas que telle ait été l'intention du législateur qui s'est proposé le double but de protéger les marins contre des entraînements qui les eussent ruinés, et de leur conserver le crédit dont ils ont besoin pour se procurer ce qui est nécessaire à leur entretien et à celui de leur famille.

On trouverait aisément dans le texte même des motifs invoqués par le tribunal des arguments contre la solution qu'il a adoptée.

Dire que les dispositions de l'ordonnance de 1745 et du

décret de 1852 sont exceptionnelles, c'est reconnaître qu'elles ne peuvent recevoir une interprétation extensive.

Nous nous demandons si le tribunal civil du Havre a bien respecté ce principe lorsqu'il a appliqué une disposition légale édictée en faveur de « tout *marin* faisant partie de » l'équipage » à des personnes qu'il reconnaît lui-même être tout à fait étrangères à la marine (1).

Certaines législations étrangères (2) assimilent à ce point de vue les employés civils aux marins.

Il n'en est pas ainsi en France. Les règles qui prescrivent l'insaisissabilité dérogent au droit commun et doivent recevoir une interprétation restrictive. Il est impossible de comprendre sous la qualification de marins des hommes absolument étrangers au métier de la mer, et jusqu'à des femmes de chambre.

On sait d'ailleurs que depuis la loi du 11 avril 1881 (3), il n'est plus fait de prélèvement au profit de la Caisse des Invalides de la Marine sur les salaires de la partie des équipages des bâtiments de commerce étrangère à l'inscription maritime, ce qui établit entre les marins proprement dits et les employés civils une ligne de démarcation très nette.

Il faut donc, dans l'état actuel de la législation, refuser le bénéfice de l'insaisissabilité aux salaires de ces employés civils qui restent soumis au droit commun.

---

(1) Un jugement du tribunal civil de la Seine applique aux chirurgiens dont la présence à bord est obligatoire, les dispositions de l'ordonnance de 1745 relatives à l'insaisissabilité des salaires. Seine, 2 juillet 1892, la Loi, nº 14, 16 août 1892.

(2) Code maritime Suédois, art. 72. — Loi allemande du 27 décembre 1872, art. 2.

(3) Art. 5.

Le tribunal du Havre disait que ces employés risquaient ainsi « de voir leur travail rester sans rétribution. »

Ceci n'était pas exact, même à l'époque où le tribunal rendait son jugement, s'il est vrai de dire que qui paie ses dettes s'enrichit.

C'est encore moins exact aujourd'hui, après la loi du 12 janvier 1895 dont l'article 1 dispose que « les salaires » des ouvriers et gens de service ne sont saisissables que » jusqu'à concurrence du dixième, quel que soit le montant » de ces salaires » et que « les appointements ou traitements » des employés ou commis et des fonctionnaires ne sont » également saisissables que jusqu'à concurrence du dixième » s'ils ne dépassent pas 2000 francs par an. »

Même après cette loi de 1895, qui s'est fait si longtemps attendre, la situation des marins au point de vue de la saisissabilité des salaires reste donc préférable à celle des autres travailleurs.

D'autant plus que les salaires de ceux-ci, saisissables jusqu'à concurrence de un dixième peuvent être cédés jusqu'à concurrence d'un autre dixième (1) ; que les cessions et saisies faites pour le paiement des dettes alimentaires prévues par les articles 203, 205, 206, 207 et 349 du Code Civil ne sont pas soumises à ces restrictions (2), et qu'en plus de la partie saisissable et de la partie cessible du salaire, un autre dixième peut être retenu par le patron pour se rembourser des avances qu'il aurait pu faire à ses ouvriers (3).

IV. — MARINS FRANÇAIS NAVIGUANT SUR UN NAVIRE ÉTRANGER

On s'est demandé si l'insaisissabilité peut être invoquée par un marin français naviguant sur un navire étranger.

(1) Loi du 12 janvier 1895, art. 2.
(2) Loi du 12 janvier 1895, art. 3.
(3) Loi du 12 janvier 1895, art. 5.

Nous ne le croyons pas.

Sans doute, les textes sont conçus en termes assez généraux, et l'insaisissabilité s'applique aux salaires de tout marin faisant partie de l'équipage d'un navire de commerce. Mais le législateur a eu évidemment pour but, non pas tant d'améliorer la situation de certains hommes exerçant tel métier, que de favoriser le développement de la marine nationale et de protéger les gens de mer français qui contribuent à sa prospérité et supportent les charges de l'inscription maritime (1).

A la mort du marin, la créance des salaires qui lui sont dus entrera dans le patrimoine de ses héritiers, frappée de l'insaisissabilité qui la protège. Mais cette insaisissabilité n'est que relative. La mort du marin ne saurait lui donner une portée plus grande que celle qu'elle avait de son vivant. Celui-ci pouvait l'invoquer à l'égard de ses créanciers. C'est à l'égard de ces mêmes créanciers que l'héritier pourra l'invoquer. Les sommes provenant de la succession du marin pourront donc servir de gage aux créanciers personnels de l'héritier.

Ajoutons que l'article 63 de l'édit de mars 1584, encore en vigueur (2), dispose « que les armes ou hardes de » soldats et mariniers ne peuvent être pris en gage par leurs » créanciers. »

(1) Lyon-Caen et Renault, I, no 399 ter — Ruben de Couder, Vo Gens d'équipage, no 122. — Le Havre, 11 décembre 1857, H. 58, 2, 9. — Havre, 27 avril 1869, D. 70, 3, 77. — V. Rev. intern. de droit mar., 1889-90, p. 227. *Contra:* Desjardins, III, no 677. — Cass. 21 février 1864, D. 64, 1, 166.

(2) V. Desjardins, III, no 679; — *Contra:* Ruben de Couder, Vo Gens d'équipage, no 138.

Nous avons étudié plus haut la question si discutée relative à l'insertion, dans le contrat d'engagement, d'une clause pénale donnant à l'armateur le droit de retenir les salaires du matelot qui se rend coupable de désertion ou de refus de service.

Rappelons seulement qu'en ce qui concerne la désertion, le décret du 24 mars 1852 ne nous paraît pas permettre aux parties l'insertion d'une pareille clause, qui tendrait à rendre vaines et inutiles les dispositions du décret; qu'en tout cas, cette clause ne serait valable que sous la forme d'une condition résolutoire qui anéantirait rétroactivement tous les droits du marin sur ses salaires et qui permettrait de le considérer comme n'en ayant jamais gagné; ou sous la forme d'une condition suspensive qui subordonnerait à la non désertion du marin le droit de réclamer ses loyers.

Nous avons essayé de démontrer, en effet, que si l'armateur stipulait, à titre d'indemnité, une somme égale au montant des salaires, l'insaisissabilité de ceux-ci empêcherait la compensation de s'effectuer et laisserait survivre la créance du marin.

Subordonner les droits des marins à une condition de cette nature, c'est priver la Caisse des Invalides des sommes dont le contrat d'engagement aurait pu la rendre créancière. On ne peut pas, en effet, établir les droits de la Caisse des Invalides sans être forcément conduit à reconnaître qu'il y a un salaire acquis (1). Et s'il y a eu acquisition de salaires, l'armateur est obligé, croyons-nous, de se conformer aux dispositions du décret du 24 mars 1852, qui partage entre la Caisse des Invalides et l'armateur le montant de ces salaires.

(1) Filleau, p. 307.

L'article 69 du décret du 24 mars 1852 ne s'applique pas au cas de refus de service. Rien ne s'oppose donc à ce que l'armateur et le marin insèrent une clause pénale dans le contrat d'engagement.

Mais, là encore, la partie du salaire perdue pour le marin devra être considérée comme n'ayant jamais été gagnée. Il ne servirait de rien que l'armateur devint, vis-à-vis du marin, créancier d'une indemnité, puisqu'il ne serait pas dispensé pour cela de lui payer le montant de ses salaires : l'insaisissabilité empêchant la compensation d'avoir lieu.

La clause pénale, pour être efficace, devra donc anéantir, en tout ou en partie, le droit des marins et, par voie de conséquence, les droits de l'administration.

Telle ne semble pas être l'opinion de la plupart des auteurs.

La même ordonnance de 1745, qui prononce l'insaisissabilité des salaires des gens de mer, ne se contente pas de dire que ces salaires ne peuvent servir de gage aux créanciers des marins, elle va jusqu'à déclarer nulles certaines obligations contractées par les marins à titre de prêt.

## SECTION SECONDE

### Assurance des loyers

Nous devons dire quelques mots de la faculté accordée aux marins par la loi du 12 août 1885 de faire assurer leurs loyers.

L'ancien article 347 du Code de Commerce déclarait nul le contrat d'assurance qui avait pour objet les loyers des gens de mer. Le nouvel article 334 dit formellement que toute personne intéressée peut faire assurer les loyers des gens de mer.

Pourquoi l'assurance des loyers était-elle interdite ?

Quels motifs ont déterminé le législateur à faire cesser cette interdiction ?

En quoi consiste la faculté d'assurer les loyers accordée par la loi du 12 août 1885 ?

Telles sont les questions qu'il nous faut examiner.

M. Filleau estime que l'interdiction pour les marins de faire assurer leurs loyers était basée sur les motifs de l'arrêt du 19 janvier 1734 et de l'ordonnance de 1745 qui « pour » enchaîner les marins au service de leur bâtiment exigent » qu'ils ne puissent toucher leurs salaires que lorsqu'ils sont » congédiés; car il est évident qu'ils n'auraient plus le même » intérêt à servir, si, les ayant fait assurer, ils pouvaient » négocier leur titre avant d'être débarqués (1.) »

Une décision du Tribunal de Commerce de la Seine du

(1) Filleau, p. 156.

5 janvier 1848 (1), critiquée par le même auteur, suppose que l'article 347 était une conséquence de l'article 258 qui, en disposant que « dans le cas de prises, bris et naufrage avec perte entière du navire, les matelots ne peuvent prétendre aucuns loyers, » a eu pour objet de les intéresser à la conservation de leur bâtiment.

M. Filleau peut avoir raison ; mais il paraît bien difficile de donner tort au Tribunal de Commerce de la Seine, lorsqu'on se reporte aux motifs invoqués par le rapporteur au Sénat du projet qui est devenu la loi du 12 août 1885 : « Les » considérations qui nous ont paru décisives, dit M. Grivart (2), pour apporter une modification à l'article 258 » ont à peu près même force quand il s'agit de la prohibition » d'assurer les loyers. »

Quelle est la portée de la loi de 1885 relativement à l'assurance des loyers ? En quoi consiste au juste pour les marins la faculté qui leur est accordée ?

Il faut se souvenir tout d'abord du principe qui domine toute la matière des assurances et qui se formule ainsi : le contrat d'assurance est un contrat d'indemnité.

Nous savons que l'article 258, modifié par cette même loi du 12 août 1885, ne prive plus le matelot du droit de réclamer les loyers échus au jour du naufrage. L'assurance de ces loyers est donc inutile à moins que le marin veuille se garantir contre l'insolvabilité de l'armateur.

Peut-il se faire payer par l'assurance des loyers dont il est privé par le fait même du naufrage ou de la rupture par force majeure ?

La question est délicate et voici pourquoi. Le marin

---

(1) Filleau, p. 156.
(2) Journal Officiel, 1876, p. 9798.

peut trouver immédiatement un nouvel embarquement. Si l'assurance lui a payé le montant intégral des loyers stipulés pour le voyage rompu, il en résultera pour lui un bénéfice contraire au principe de la matière.

N'y a-t-il pas à craindre aussi que le marin profite de l'assurance pour vivre dans l'oisiveté aux dépens des assureurs (1)?

D'autre part, le marin peut perdre tout ou partie des loyers échus au jour du naufrage, s'il est établi à sa charge une faute ou une négligence. Peut-il contracter une assurance pour se garantir des conséquences de sa faute?

Cette question, à laquelle les anciens auteurs auraient répondu négativement (2), doit être tranchée par une distinction entre les fautes lourdes et intentionnelles et les fautes légères : rien ne s'oppose à ce que, par une convention expresse, les risques provenant des fautes légères des assurés soient compris dans les assurances maritimes comme ils le sont de plein droit dans les assurances terrestres (3).

Reste à savoir si les tribunaux priveraient de leurs loyers les marins coupables d'une faute seulement légère.

En fait, l'assurance des loyers n'est guère pratiquée. Elle peut être utile au marin engagé à profits éventuels.

(1) de Valroger, III, n° 1517.
(2) Emerigon, assurances, chap. XII, sect. 2. — Valin, sur l'art. 27, titre VI, livre III de l'ordonnance.
(3) Lyon-Caen, note dans Sirey, 87, 1, 123. — Danjon, n° 600.

## SECTION TROISIÈME

### Paiement des loyers

————

Nous avons vu quel était le rôle de l'administration au moment où les marins engageaient leurs services.

L'intervention du commissaire de la marine nécessaire à la protection des intérêts des gens de mer, lors de la rédaction des conventions passées entre l'armateur et les hommes de l'équipage, n'est pas moins indispensable à la défense de ces mêmes intérêts au moment où les marins reçoivent le paiement de leurs salaires.

Nous allons voir quand et comment se paient les loyers des gens de mer, et nous serons à même de constater la sagesse des prescriptions édictées par le législateur en vue de protéger les marins contre les entraînements dont ils pourraient être victimes.

Jusqu'au milieu du XVIIIᵉ siècle le paiement des loyers de la marine marchande ne fut pas réglementé.

Le consulat de la mer constate seulement que le patron est obligé de payer le salaire au matelot là où les marchandises paieront leur fret (1).

L'ordonnance de 1681 ne prescrivit à ce sujet aucune mesure spéciale.

Une ordonnance du 20 octobre 1672 (2) décidait que les équipages de la marine royale ne recevraient point leur

————

(1) Consulat de la mer, chap. 76 et 74. — V. Desjardins, III. nᵒ 683.
(2) Confirmée par l'ordonnance de 1689, livre VIII, titre II, art. 3.

solde avant leur retour dans le lieu de leur département. On voulait, par cette mesure, éviter aux gens de mer les occasions de dissiper follement leurs gages au détriment de leurs familles.

On attendit plus d'un demi-siècle pour prescrire des mesures analogues en faveur des marins du commerce.

Il résulte de la déclaration royale de 1728, de l'arrêt du Conseil du 19 janvier 1734 et de nombreux autres textes (1) que le paiement des loyers doit être fait en présence des commissaires de l'Inscription maritime (2), lors du désarmement du navire et, pour chaque marin, dans le quartier où il est inscrit.

## § 1. — *Comment se paient les loyers*

La première règle est absolue (3). Les commissaires doivent faire opérer en leur présence le paiement des salaires des équipages.

Cette prescription est édictée dans l'intérêt des marins et dans l'intérêt de la Caisse des Invalides.

L'article 192, § 4 du Code de Commerce déclare, en effet, que les créances des salaires peuvent être justifiées par les rôles d'armement et de désarmement arrêtés dans les bureaux de l'Inscription maritime. Les marins, aux termes de cet article, ne peuvent même pas établir autrement leur créance contre l'armateur quand il s'agit pour eux d'exercer leur privilège sur le navire.

---

(1) Edit de juillet 1720.— Ordonn. du 31 octobre 1784 ; 1er novembre 1745 ; 9 octobre 1837.

(2) A l'étranger, le commissaire est remplacé par le consul.

(3) V. édit de juillet 1720 (titre VI, art. 4).— Déclaration de 1728, art. 3. — Arrêt du conseil de 1734. — Ordonn. du 31 octobre 1784 (titre VII, art. 21). — Règlement de 1866, art. 8.

Cette intervention nécessaire des commissaires de l'Inscription maritime permet à ceux-ci de veiller à la fidèle observation des lois et règlements auxquels il est interdit aux parties d'apporter la moindre dérogation. Enfin elle leur permet d'exercer sur les salaires payés par l'armateur la retenue de trois pour cent qui sert à alimenter la Caisse des Invalides.

Un paiement fait en dehors du commissaire doit-il être déclaré nul ?

L'ordonnance de 1728 inflige une amende de 60 livres à l'armateur qui s'est rendu coupable de cette infraction à la loi. Cette sanction est évidemment insuffisante. Quand on songe cependant à la grandeur des intérêts en jeu, on est en droit de se demander si le législateur n'a pas entendu assurer d'une manière plus efficace l'observation des prescriptions légales. A notre avis, l'armateur qui a payé les salaires hors la présence du commissaire peut être condamné à les payer une seconde fois.

Dira-t-on (1) que la nullité du paiement fait dans ces conditions n'est écrite nulle part dans la loi, et qu'en l'absence d'un texte formel, les marins ne sauraient réclamer un second paiement ?

On peut discuter le point de savoir si, parmi les dispositions déclarées d'ordre public par le décret du 4 mars 1852, ne se trouvent pas celles ayant trait au paiement des loyers en la présence des commissaires (2).

Mais l'administration a des moyens indirects d'assurer le respect de la loi, ne serait-ce qu'en refusant de donner un nouveau rôle d'équipage jusqu'à ce que les loyers des gens de mer soient payés au bureau de la marine.

(1) Lyon-Caen et Renault, I, n° 374.
(2) Cass. 11 avril 1892, H. 92, 2, 131.

## § 2. — *Quand se paient les loyers*

Le paiement doit être fait à l'époque du désarmement.

La nature du contrat d'engagement, qui est un contrat successif, indique bien que les loyers ne sont pas dus avant la fin du voyage ou l'expiration du temps pour lequel l'engagement a été contracté.

Mais l'obligation pour l'armateur de ne payer qu'au désarmement est une conséquence naturelle du rôle tutélaire de l'administration et notamment de la règle que nous venons de rappeler, à savoir que les loyers doivent être payés en présence du commissaire de l'Inscription maritime.

En effet, au moment du désarmement, le commissaire connaît les conditions de l'engagement des marins par l'inspection du rôle d'équipage. Cette inspection lui révèle aussi les différentes circonstances qui ont pu modifier leur créance et qu'il est chargé de contrôler. Il est ainsi à même de constater si le paiement est régulier.

Si la règle que le paiement des salaires doit avoir lieu en présence du commissaire de l'Inscription maritime est absolue, il n'en est pas de même de la règle relative à l'époque du paiement.

Celle-ci comporte en effet plusieurs exceptions.

Quand un marin est débarqué en cours de voyage, ses salaires lui sont ordinairement payés immédiatement.

Les armateurs ont bien souscrit l'obligation de ne payer qu'au désarmement les salaires des marins et autres qui pourraient être débarqués pendant le cours du voyage, mais l'administration se réserve le droit d'en décider autrement.

Et, de fait, elle en décide toujours autrement.

Pourquoi, en effet, exposer plus longtemps ces salaires

aux événements de mer qui peuvent survenir après le débarquement du marin (1) ?

Les parties peuvent stipuler dans le contrat d'engagement que les paiements auront lieu à d'autres époques qu'au désarmement qui suivra le retour définitif.

Ainsi, à supposer que dans le cours du voyage il y ait plusieurs désarmements, les parties peuvent convenir que les loyers seront payables à chacun d'eux.

Un arrêté ministériel du 22 mars 1862 semble même en faire une obligation pour l'armateur, en exigeant de tout capitaine d'un navire armé au long cours parvenu dans une colonie française ou dans un port étranger, résidence d'un consul de France, qui veut se faire réexpédier pour une colonie française ou un port étranger, qu'il fasse régler par l'autorité compétente les salaires des hommes composant son équipage jusqu'au jour où il réclamera son rôle pour reprendre la mer.

Nous ne pensons pas que cet arrêté ministériel ait force obligatoire pour les tiers. C'est, à notre avis, un simple règlement intérieur auquel les parties demeurent libres de ne pas se soumettre.

En fait, son application a soulevé d'unanimes réclamations et a rencontré de vives résistances de la part des armateurs. Ceux-ci se sont plaints d'être obligés de débourser une partie considérable des salaires avant d'avoir rien touché des affréteurs.

Aussi bien la loi du 12 août 1885 lui a enlevé une partie de son utilité, s'il est vrai (2) que le Ministre de la marine

(1) Les engagements à profits éventuels ne permettent pas d'établir les droits de l'équipage avant la fin de la campagne.

(2) Filleau, p. 271.

ait pris cet arrêté pour remédier aux déplorables conséquences qui, avant cette loi, résultaient pour le marin d'un naufrage ou de la perte du navire sans nouvelles (1).

Il est d'usage qu'une partie des salaires soit payée aux marins à titre d'avances, dès avant l'embarquement.

Cet usage est d'origine fort ancienne.

Les règles de Wisby (2) disaient que : « Les maîtres » paieront les loyers aux matelots à trois termes : sçavoir » est un tiers lors du départ, un autre tiers quand le navire » sera déchargé, et le tiers restant lorsqu'ils seront de » retour. »

Il faut bien, en effet, que les matelots puissent, avant de prendre la mer, se munir de tout ce qui leur est nécessaire pour la traversée ; il leur faut s'équiper et acheter un *sac*.

Ils n'ont point d'économies. La nécessité des avances s'impose donc, et le législateur les a dès longtemps réglementées.

Toute avance payée par l'armateur devra, pour être imputable sur les loyers, être versée en la présence des commissaires de l'Inscription maritime et apostillée par eux sur le rôle d'équipage.

A l'étranger, c'est devant le consul que doit s'effectuer le paiement (3). Le consul s'assurera que ces paiements anticipés sont vraiment nécessaires aux marins pour achat de vêtements ou tout autre besoin ; il veillera à ce que la monnaie du pays ne soit évaluée qu'au prix réel du change

---

(1) Les engagements à profits éventuels ne permettent pas d'établir les droits de l'équipage avant la fin de la campagne. — V. Filleau, p. 272.

(2) Art. XXVIII.

(3) Ordonnance du 29 octobre 1833.

et inscrira le montant des paiements sur le rôle d'équipage et le livre de bord.

Si le capitaine est conduit à faire des avances dans un lieu où il n'y ait pas d'autorité française, il devra en faire mention sur le livre du bord, sur lequel l'intéressé apposera sa signature (1).

Le Code de Commerce prévoit le cas où des avances ont été reçues par des marins.

Nous savons qu'en cas de rupture volontaire par le fait du propriétaire, comme en cas de naufrage du navire, le matelot n'a jamais à rendre les avances reçues, lesquelles sont acquises par lui d'une manière définitive.

Ceci s'applique même au cas d'engagement au profit.

### § 3. — *Où se paient les loyers*

Les règles édictées par le législateur relativement au lieu où doit s'effectuer le paiement des salaires complètent, en leur donnant toute leur efficacité, les autres mesures prises dans l'intérêt du marin et de sa famille.

On a voulu que le paiement s'effectuât en présence du commissaire, afin que l'intervention de cet officier garantît aux parties le respect de leurs droits réciproques.

On a posé en règle que ce paiement n'aurait lieu, à moins de décision contraire de la part de l'autorité ou de conventions approuvées par elles, qu'au désarmement du navire, afin que le matelot ne fût pas exposé à dépenser follement, et loin de sa famille, ce qu'il a si péniblement gagné.

Mais, le navire peut désarmer en dehors du quartier

(1) Circulaire du 12 août 1836.

où est inscrit le marin. S'il reçoit ses salaires dans un port situé loin de son domicile, n'y a-t-il pas à craindre qu'il ne les dissipe, au moins en partie, dans le trajet qui le ramène chez lui ?

Ces inconvénients n'ont pas manqué de se produire.

La déclaration royale de 1728, l'arrêt du Conseil du 19 janvier 1734, défendent aux capitaines, maîtres ou patrons, de payer aucuns loyers aux matelots et autres gens de leurs équipages dans les ports où ils désarmeront, autres que ceux où ils auront équipé les navires qu'ils commanderont, et ce, à peine de 60 livres d'amende pour chaque matelot ou autres personnes de l'équipage.

Valin faisait déjà remarquer que l'intention manifeste du législateur avait été d'interdire tout paiement de salaires hors le lieu du domicile du marin. En 1734, les navires n'étaient guère affrétés que pour des voyages d'aller et retour, et les marins étaient, en général, domiciliés dans la circonscription du port d'embarquement.

On ne doit pas aujourd'hui prendre à la lettre le texte de l'arrêt de 1734. Il est bien certain que les marins domiciliés dans la circonscription du port de désarmement pourraient toucher directement leurs salaires quand bien même ce port ne serait pas celui où le navire a été équipé.

En ce qui concerne les marins non inscrits dans le quartier où a lieu le désarmement, l'arrêt de 1734 prescrit une mesure très sage, en enjoignant au capitaine « de remettre les loyers » qui pourront être dus aux matelots et autres entre les » mains des officiers des classes... pour le paiement en être » fait aux dits matelots et autres dans leur département. »

Ces loyers sont versés à la Caisse des gens de mer. On ne remet au matelot que la somme qui lui est nécessaire pour regagner le quartier où il est inscrit. Et c'est là, à son domicile, là ou habite sa famille, qu'il touchera ses salaires.

### § 4. — *Du droit de l'administration d'agir en justice*

Il peut arriver que les gens de mer soient obligés de réclamer leurs salaires en justice. Devront-ils intenter eux-mêmes l'action contre l'armateur ?

Ils le peuvent assurément. Mais le législateur a compris combien il était difficile aux marins sans ressources, et sans avances, d'organiser une instance et de soutenir un procès contre les armateurs.

Aussi a-t-il confié à l'administration de la marine le soin d'agir au nom des marins et de faire le procès en leur lieu et place.

C'est un avantage évident pour les gens de mer et pour leurs héritiers. Leurs droits seront sauvegardés. L'administration continue de remplir à leur égard ce rôle de mandataire légal qui assure à leurs intérêts une protection efficace.

D'ailleurs la Caisse des Invalides pourrait éprouver un préjudice réel de l'inaction des marins (1).

Si les loyers ne sont pas payés, comment s'exerceront les retenues qui constituent pour elle une ressource si importante ?

N'oublions pas aussi que les loyers dus par l'armement et qui, pour une raison ou pour une autre, ne sont pas touchés par les marins, sont, après deux ans de dépôt à la Caisse des gens de mer, versés à la Caisse des Invalides (2).

L'administration a donc, elle aussi, un intérêt direct à

(1) Aussi cette inaction ne pourrait être opposée à la demande de la marine comme une fin de non-recevoir. — V. Rouen, 24 décembre 1879, H. 80, 1, 35.

(2) Lyon-Caen et Renault, I, n° 371.

agir contre l'armateur. Elle peut, ce n'est pas douteux, intervenir dans les instances pendantes entre ces derniers et les gens de l'équipage, et même former opposition aux jugements dans lesquels elle n'a pas figuré et qui lui portent préjudice (1).

L'administration n'exerce pas un droit propre bien qu'elle ait intérêt à ce que le droit des marins soit exercé. C'est au nom de ceux-ci qu'elle agit dans son intérêt et dans le leur; c'est leur action qu'elle exerce. Elle pourra donc se voir opposer toutes les exceptions et défenses opposables aux marins eux-mêmes (2).

C'est devant le Tribunal de Commerce que l'action doit être portée par l'administration et par les marins (3).

(1) Cass. 20 novembre 1860, D. 61, 1, 5.

(2) Rouen, 24 décembre 1879, H. 80, 1, 35. — Granville, 29 mars 1889, Revue internationale de droit maritime 1889-90, p. 230.

(3) Nantes, 2 décembre 1885, Rev. intern. de droit marit. 1886-87, p. 432.

## CONCLUSION

---

Nous annoncions, au début de ce travail, que les règles auxquelles le législateur a soumis le contrat d'engagement des gens de mer diffèrent notablement du droit commun en matière de louage de services.

L'étude que nous venons de faire sur les loyers des gens de mer justifie, ce nous semble, la conduite du législateur en mettant en lumière et l'insuffisance du droit commun pour régir ce contrat, et la sagesse des dispositions légales auxquelles on l'a soumis.

Les circonstances toutes particulières dans lesquelles le contrat d'engagement est passé, la qualité des parties, la nature des services qu'on attend des marins, demandaient une réglementation spéciale. Le législateur eut manqué de prévoyance en n'entourant pas de la plus vive sollicitude l'industrie maritime qui fait vivre de si nombreuses populations et de la prospérité de laquelle dépendent, dans une large mesure, le développement commercial du pays et la valeur de nos forces navales.

Les règles qu'il a édictées sont assurément perfectibles. Des lois récentes, nous l'avons vu, ont modifié certains textes difficiles à justifier. D'autres viendront qui donneront à la créance des gens de mer la protection qu'elle mérite.

Considérée dans son ensemble, l'œuvre du législateur nous semble bonne et nous ne nous associons pas à toutes les critiques qu'on lui a adressées.

17

Nous estimons que la réglementation dont le contrat d'engagement est l'objet est nécessaire à l'exercice de l'industrie des gens de mer ; que les charges qui résultent pour eux de l'Inscription maritime sont amplement compensées par les avantages qu'ils en retirent, et que le rôle joué par l'administration, bien loin de porter atteinte à la liberté, constitue pour les marins, la meilleure sauvegarde de leurs intérêts.

# TABLE DES MATIÈRES

# SECONDE PARTIE

## Circonstances qui modifient le droit aux salaires

### CHAPITRE PREMIER

CIRCONSTANCES QUI, DE LA VOLONTÉ DES PARTIES, MODIFIENT LE DROIT AUX SALAIRES

### CHAPITRE SECOND

CAS DE FORCE MAJEURE QUI MODIFIENT LE DROIT AUX SALAIRES

## TROISIÈME PARTIE

### Comment est protégée la créance des gens de mer
### Paiement des loyers

#### CHAPITRE PREMIER

PERSONNES TENUES DU PAIEMENT DES LOYERS. — GARANTIES ACCORDÉES
AUX GENS DE MER

## CHAPITRE SECOND

### MESURES DE PROTECTION DES SALAIRES

Nantes — Imp. Bourgeois

www.ingramcontent.com/pod-product-compliance
Lightning Source LLC
Chambersburg PA
CBHW070247200326
41518CB00010B/1725